资助项目名称：2022年度国家社科基金一般项目"全媒体场景下高校思想政治教育优化研究"（项目编号：22BKS114）。

光明社科文库
GUANGMING DAILY PRESS:
A SOCIAL SCIENCE SERIES

·教育与语言书系·

数据驱动的
高校网络思想政治教育优化研究

栾纪文　吴　穹｜著

光明日报出版社

图书在版编目（CIP）数据

数据驱动的高校网络思想政治教育优化研究 / 栾纪文，吴穹著． -- 北京：光明日报出版社，2024.3
ISBN 978－7－5194－7849－0

Ⅰ.①数… Ⅱ.①栾… ②吴… Ⅲ.①高等学校—网络教育—思想政治教育—研究—中国 Ⅳ.①G641

中国国家版本馆 CIP 数据核字（2024）第 056428 号

数据驱动的高校网络思想政治教育优化研究
SHUJU QUDONG DE GAOXIAO WANGLUO SIXIANG ZHENGZHI JIAOYU YOUHUA YANJIU

著　　者：栾纪文　吴　穹	
责任编辑：刘兴华	责任校对：宋　悦　董小花
封面设计：中联华文	责任印制：曹　诤

出版发行：光明日报出版社
地　　址：北京市西城区永安路 106 号，100050
电　　话：010-63169890（咨询），010-63131930（邮购）
传　　真：010-63131930
网　　址：http://book.gmw.cn
E － mail：gmrbcbs@gmw.cn
法律顾问：北京市兰台律师事务所龚柳方律师
印　　刷：三河市华东印刷有限公司
装　　订：三河市华东印刷有限公司
本书如有破损、缺页、装订错误，请与本社联系调换，电话：010-63131930

开　　本：170mm×240mm	
字　　数：186 千字	印　　张：15
版　　次：2024 年 3 月第 1 版	印　　次：2024 年 3 月第 1 次印刷
书　　号：ISBN 978－7－5194－7849－0	
定　　价：95.00 元	

版权所有　　翻印必究

序　言

高校网络思想政治教育作为当前思想政治教育较为前沿和活跃的研究场域，展现出理论与实践相互结合、教育与技术相辅相成的多学科多视角研究特征。以习近平关于党的宣传思想工作特别是关于思想政治教育一系列重要论述为指导，从整体上聚焦数据技术在高校网络思想政治教育中的理论和实践创新，对一些具有前瞻性、基础性的问题进行有益探索，围绕提高高校网络思想政治教育在大数据时代的科学性、有效性尝试提出对策建议。

该书主要内容分为六章。第一章是研究背景介绍，归纳了研究意义与价值，梳理总结了国内外相关研究的历史脉络和现实状况，对研究思路和方法进行了简要介绍。第二章对数据、数据驱动、高校网络思想政治教育、优化等概念进行了总体阐述，既为后续研究界定了内涵外延，又增强了读者对大数据时代的认识与理解，在此基础上分别探讨了高校网络思想政治教育的发展机遇和问题挑战，全方位审视了高校网络思想政治教育优化的问题趋向和需求指向。第三至六章深入剖析高校网络思想政治教育思维理念、主体队伍、方法手段、评价体系等关键环节，探讨利用数据及数据技术深嵌其中并发挥源动力作用的意义、路径和策略，为推动高校网络思想政治教育守正创新进行了有益探索和实践展望。

一、坚持问题导向立起鲜明指向

大数据是机遇更是挑战，这其中既包括大数据技术及应用在理论逻辑上的范式问题，也包括在实践转化上的应用问题，最终都体现在高校网络思想政治教育工作者如何看待、如何认识、如何运用、如何评价大数据技术在教育实践中的融合落地。因此在充分认识诸如数据"鸿沟"、数据"偏见"、算法"歧视"、"流量"智能等问题的基础上，从利用数据、开发数据、内化数据过程中在教育理念、教育主体、教育方法、教育评价全流程的问题入手分析，找准切入口、把紧发力点、提高针对性，为理论探讨和实践设计提供力求揭示本质和规律的可能性和可行性。

二、贯穿实践视角明晰方法途径

从高校网络思想政治教育实践视角透视数据及数据技术，思考如何利用数据驱动优化教育实践。在对数据进行较为全面细致的梳理总结后，将大数据应用的功能价值分类为"描述、预测、决策"3个要素特征，进而根据数据在实践应用中的作用不同，将数据驱动由浅入深划分为4个层次，即辅助、协作、主导、洞见，表现出数据由数理统计到智能发展分阶段的驱动价值。在此基础上，坚持聚焦高校网络思想政治教育本体，致力于将数据作为驱动教育优化的主引擎，注重从教育要素和运行机制等方面开展研究，具有微观特征和实践价值，为进一步思考和解决高校网络思想政治教育在大数据背景下实现守正固本和创新突破提供了理论和实践借鉴。

三、提出实践路径探索有力抓手

坐而论道不如起而行之，着眼数据驱动的高校网络思想政治教育优化的实际效果，提出具有一定参考价值的对策建议。在教育主体建设方面，提出将数据素养培训融入现行成熟的育人体系之中，有效解决教育时间安排、教育力量组织和教育内容统筹等问题，通过建设思政团队和数据团队两支队伍以及协调合作、换岗交流、晋升任用等运行机制和保障措施，实现力量融合和组织健全。在教育方法改良方面，针对时下网络上传播广泛的直播、媒体和沉浸式教育活动，提出利用数据实现教育营销、运行、维护等具体措施。在教育评价设计方面，充分利用"转化漏斗"式评价思路，利用数据指标对教育活动进行分层次、分阶段、分步骤拆解，合理运用数据画像、数据智能等新技术，构建具有综合性、操作性、指导性意义的评价指标体系。

处于数据技术蓬勃发展且蓄势创新的时代中，加速推进数据要素、数据理念和数据技术与高校网络思想政治教育融会贯通，不但能够有效提升教育教学质量，更能够从学科建设、理论体系和实践系统等全维度实现守正与创新协同共进，实现网络大能量转变为网络思想政治教育正能量。

作者
2023 年 6 月 11 日

前　言

高校思想政治教育担负着铸魂育人、立德树人的重要职责，是开展党的创新理论武装、社会主义核心价值观培塑和道德品行修养的重要途径。随着网络化生活成为当代人们不可或缺、无法回避的重要生存方式，物质世界、精神世界和虚拟世界俨然成为融合统一的整体，网络空间的电磁信号可以直接转化为现实空间的快递包裹和外卖食物，人们更加习惯将个体精神世界的灵感和感悟输入到网络空间进行存储、修改和发布，反映人们思想动态的举止行为也直接或间接地在网络空间留下痕迹烙印，人们不再单纯期盼获得网络空间"第二生命体"，而是越发不可控制地将生命体延伸到网络空间，并作为一种主导力量，牵引网上网下向共在、共生的方向发展。因此，网络思想政治教育成为思想政治教育中十分重要的一环，发挥着越来越突出的作用，在新一代信息技术快速发展和深度应用的时代，通过坚持守正创新将高校思想政治教育传统优势合理高效地转化到网络空间，要求我们在客观准确把握网络、网络思想政治教育基本概念内涵的基础上，敏锐察觉新技术新理念新领域的应用实例和潜在价值。

在阅读了包括迈尔-舍恩伯格（Mayer-Schönberger）、哈伯德、彭特兰（Pentland）、车品觉、周涛、吴军等学者关于数据及数据技术的相关著作后，我们对如何利用大数据优化高校网络思想政治教育有了一些初步见解，尝试通过"数据驱动"这一视角来深入探讨"高校网络思想政治教育"的优化策略。数据驱动是大数据时代重要的思维理念和创新方法，"数据"不再单纯作为判断决策的辅助手段之一，而成为决定事件发展变化的主要引擎，从现行成熟应用以及发展前景观察，将数据驱动的理念方法运用到高校网络思想政治教育领域，通过对教育原始数据资源的分析处理，科学反映教育客体的思想行为动态，揭示教育活动深层次规律，开拓教育主体新视野新洞见，提高教育实施的针对性和实效性。

全书遵循从理论探讨到实践探索的研究思路，在综合分析研究国内外专家学者关于数据驱动优化教育相关成果基础上，对"数据""数据驱动""高校网络思想政治教育"和"优化"等概念进行梳理剖析，为后续研究奠定理论基础、标定概念边界。重点分析大数据时代高校网络思想政治教育面临的机遇和问题，从实践视角总结数据赋形、赋能、赋智等实现教育优化的落脚点，客观审视当前教育理念、教育主体、教育方法和教育评价对数据技术应用不足的现实情况。

"理念—主体—方法—评价"构成了高校网络思想政治教育运行的完整闭环，从各个环节分别阐释"数据驱动"带来的拓展变化，既有一脉相承的理论基础，更有落实落地的实践意义。针对教育理念的优化革新，分析了理念优化对促进教育转型所发挥的突出作用，提出将大数据技术的整体性、开放性和动态性思维融入教育理念，实现由关注局部转向统筹全局、由相对保守转向兼收并蓄、由注重结果转向注重过程的创新演进。着眼教育主体开展数据驱动的教育实践新要求，明确了主体应具备的能力素质，结合当前选拔任用、培养教育、管理监督、激励约束和问责追责等人力资源管理机制，进一步论述了通过素质培养、队伍建设和保障机制建设实现主体队伍优化的方法路径。从教育准备、实施和研究等方面探究数据驱动的教育方法优化突破口，针对性提出了"数据+直播""数据+媒体""数据+沉浸"等设想，希望能够为教育方法改进提供直观有效的对策建议。在前述分析探讨基础上，阐述了数据驱动的教育评价优化的内在逻辑，提出了坚持工具理性与价值理性相结合、量化评价与质性评价相结合、结果评价和过程评价相结合的教育评价体系构建原则，结合CIPP模式构建了综合评价指标体系，分别设计了突出属性数据的主体评价指标、突出效果数据的介体评价指标、突出增值数据的客体评价指标和突出差异数据的环体评价指标，以期推动教育评价改革落地落实，追求更为精准、客观、科学的教育评价。

我们撰写过程中，根据大数据相关技术进展和高校网络思想政治教育的前沿成果跟进调整修改，期待能够既把握时代脉搏又彰显现实指导价值。但囿于水平和条件限制，难免挂一漏万，有失偏颇。不足之处，敬请专家学者和业内同行批评指正。

作者
2023年6月11日

目　录
CONTENTS

第一章　绪论 **1**
  一、问题缘起 1
  二、研究价值 3
  三、研究现状 3
    （一）国内研究现状 4
    （二）国外研究现状 17
  四、思路方法 24
    （一）研究思路 24
    （二）研究方法 26

第二章　概述 **28**
  一、概念界定 28
    （一）数据 28
    （二）数据驱动 33
    （三）高校网络思想政治教育 36
    （四）优化 44

二、大数据时代高校网络思想政治教育迎来难得机遇 …… 47
　（一）教育刻画更加精细 …… 48
　（二）教育实施更加有力 …… 62
　（三）教育效果更加凸显 …… 65
三、大数据时代高校网络思想政治教育存在的主要问题 …… 68
　（一）教育理念对数据体现不够充分 …… 68
　（二）教育主体对数据掌握不够深入 …… 71
　（三）教育方法对数据利用不够有力 …… 74
　（四）教育评价对数据分析不够全面 …… 76
四、本章小结 …… 79

第三章　数据驱动的高校网络思想政治教育理念优化 …… 81
一、理念优化是促进教育转型的前提条件 …… 81
　（一）教育理念是教育本质的反映 …… 82
　（二）教育理念是时代特征的彰显 …… 84
　（三）教育理念是实践指向的遵循 …… 87
二、数据驱动为优化教育理念开辟了新视野 …… 90
　（一）突出整体性思维实现主体共治 …… 90
　（二）强化开放性思维实现方法聚优 …… 94
　（三）贯彻动态性思维实现评价释能 …… 96
三、数据驱动的教育理念优化原则 …… 99
　（一）由关注局部转向统筹全局 …… 99
　（二）由相对保守转向兼收并蓄 …… 102
　（三）由注重结果转向注重过程 …… 104
四、本章小结 …… 107

第四章　数据驱动的高校网络思想政治教育主体优化 …… 109

一、主体优化对推进教育创新发挥关键功能 …… 109

（一）教育主体主动性提升是教育创新的直接动力 …… 110

（二）教育主体创造性增强是教育创新的发展动力 …… 112

（三）教育主体超越性拓展是教育创新的价值动力 …… 114

二、数据驱动对教育主体能力素质提出新要求 …… 116

（一）着眼数据采集知底数掌实情 …… 116

（二）强化数据素养闯新路开新局 …… 119

（三）运用数据智能敞心扉解心结 …… 122

（四）遵守数据伦理塑形象立权威 …… 125

三、数据驱动的教育主体能力素质优化策略 …… 127

（一）融入现有育人体系提升数据素养 …… 128

（二）建设复合人才队伍增强主体力量 …… 130

（三）完善配套保障机制催生内在动力 …… 133

四、本章小结 …… 135

第五章　数据驱动的高校网络思想政治教育方法优化 …… 137

一、方法优化是实现教育预期的有效措施 …… 137

（一）达成教育目标的重要手段 …… 138

（二）控制教育过程的重要联结 …… 141

（三）确保教育效果的重要条件 …… 143

二、数据驱动的高校网络思想政治教育方法优化路径 …… 146

（一）教育准备深嵌用户画像 …… 146

（二）教育实施善用数据智能 …… 149

（三）教育研究依靠数据计算 …… 152

三、数据驱动的高校网络思想政治教育方法优化设想……………… 155
　　（一）"数据+直播"升级教育体验……………………………… 156
　　（二）"数据+媒体"提升教育质量……………………………… 158
　　（三）"数据+沉浸"强化教育效果……………………………… 161
四、本章小结………………………………………………………… 164

第六章　数据驱动的高校网络思想政治教育评价优化………… 166
一、评价优化对提升教育效能起着重要作用……………………… 166
　　（一）实施科学评定……………………………………………… 167
　　（二）即时总结经验……………………………………………… 169
　　（三）有效改进实践……………………………………………… 172
二、数据驱动的高校网络思想政治教育评价体系建构原则……… 174
　　（一）坚持工具理性与价值理性相结合………………………… 175
　　（二）坚持量化评价与质性评价相结合………………………… 176
　　（三）坚持结果评价与过程评价相结合………………………… 177
三、数据驱动的高校网络思想政治教育评价指标体系设计……… 178
　　（一）主体评价指标设计突出属性数据………………………… 180
　　（二）介体评价指标设计突出效果数据………………………… 186
　　（三）客体评价指标设计突出增值数据………………………… 198
　　（四）环体评价指标设计突出差异数据………………………… 203
四、本章小结………………………………………………………… 210

结论与展望………………………………………………………… 211
后记………………………………………………………………… 215
参考文献…………………………………………………………… 217

第一章 绪 论

一、问题缘起

在大数据、云计算、物联网、人工智能等新一代信息技术影响下，高校网络思想政治教育的思维理念、方法手段、运行机制等亟待进一步改良革新，在守正中实现创新研究数据驱动的高校网络思想政治教育优化路径显得十分必要。

把握大数据时代为高校网络思想政治教育提质增效带来的历史机遇。数据技术逐步兴起并深刻影响着经济社会发展，以大数据为代表的数字经济更是被誉为全面深化改革的创新驱动力，成为高质量发展的重要着力点。例如，政府依托大数据，在智慧城市管理、公共交通管理、数字政府建设和企业数字化转型等各方面取得重要进展。各类电商零售、新闻资讯、短视频等数字平台，自主研发并拓展大数据在用户分类、圈层聚类、兴趣推荐等方面的应用场景，驱动企业取得高额经济收益。这些都为高校网络思想政治教育适应新的时代变革，不断增强吸引力、渗透力、感召力提供了理念指导和技术支持。此外，大数据在现实社会和网络空间的广泛应用也引发了人们思想观念、生活方式、行为习惯的变化，特别是对人的精神文化世界带来诸多冲击，对开展高校网络思想政治教育提出新的时代要求。

遵循新时代高校网络思想政治教育健康发展的法理要求。2015年8月，《国务院关于印发促进大数据发展行动纲要的通知》将教育大数据列为重点建设内容之一，明确提出要"探索发挥大数据对变革教育方式、促进教育公平、提升教育质量的支撑作用"。2021年7月中共中央、国务院印发《关于新时代加强和改进思想政治工作的意见》指出要"加强网络思想政治工作，……，推动思想政治工作传统优势与信息技术深度融合"，对运用大数据等新技术推动网络思想政治教育发展作出了明确规定和具体指导。教育部思想政治工作司2023年工作要点中强调要进一步强化数字赋能，探索建立高校"思政指数"，依托各类数据平台建设、运用，提高思想政治教育的动态监测、精准施教和绩效评估，为数据驱动教育优化标定了目标指向。各级提出的发展要求和规划设计集中体现了研究把握"数据驱动"的重要作用与迫切需要，也为进一步理论研究及实践探索立起了根本遵循。

实现数据技术给高校网络思想政治教育全面优化带来的美好愿景。大数据以其全样本数据分析、智能化教育实施和管理等技术特征，为高校网络思想政治教育优化发展描绘了蓝图。同时，也为深入把握师生思想行为提供了科学工具，通过海量网络数据的动态抓取和数据关联关系的深层挖掘，既可以从宏观上掌握师生思想的大势所趋、人心所向，又可以在微观上为师生构建"数字孪生体"，建立外在行为和内在思想的连接映射，还能在更广范围内有效整合多种教育资源，丰富教育手段和实施途径，利用个性化推荐、虚拟仿真、人工智能等技术提高教育吸引力和感染力，推动高校网络思想政治教育预先准备、科学决策、精准实施、精细管理、超前预测、客观评估等愿景落实落地。

二、研究价值

着眼大数据时代背景，探讨数据驱动的高校网络思想政治教育优化，对把握新形势、发现新规律、指导新实践、促进新发展具有重要的理论意义和深远的现实意义：

拓展高校网络思想政治教育理论视角。高校网络思想政治教育在遵循网络思想政治教育一般规律的基础上，也呈现出鲜明特点。从技术应用视角研究探讨高校网络思想政治教育面临的机遇和挑战，有利于拓宽研究的新视野、新思路，探寻新特点、新规律。

建强高校网络思想政治教育主体力量。教育主体是思想政治教育的承担者、管理者、发动者和实施者，在教育活动中起着主导作用。探讨教育主体应树立哪些思维理念、应具备哪些能力素质、应承担哪些责任和义务，重点探讨如何以教育主体个人和团队的能力进步，有效提升高校网络思想政治教育的质量效益。

丰富高校网络思想政治教育方法手段。数据技术促进了传统教育方法在网络场域中更新迭代和落地生根。区分教育准备、教育实施和教育研究等不同阶段，分别探索借助数据开展方法优化的实践路径，把握技术优势与教育工作深度结合点，针对现行教育手段提出优化设想。

重构高校网络思想政治教育评价体系。数据技术与教育评价的深度融合，有助于提高评价的客观性、整体性和指导性。探讨数据与网络思想政治教育评价优化的内在契合，提出教育评价体系建构策略，进一步发挥数据技术在深化教育评价改革中的作用。

三、研究现状

通过文献查阅，对这一领域的主要学术观点、前人研究成果、辨析焦点、新的发展动态以及可能存在的问题进行综合分析。为了提高关键词或主题检索查全率,将目前与数据驱动的思想政治教育优化研究领域相关概念,如大数据、数据驱动、算法、人工智能,以及思想政治教育、思想教育、政治教育、思政教育、思政建设等均纳入检索范围。

(一) 国内研究现状

近年来,国内学者和思想政治教育工作者敏锐洞察到大数据在网络思想政治教育领域的价值,对此做了深入探索,特别是围绕高校网络思想政治教育形成了较为系统的研究成果,技术融合式的教育优化探讨,具有直接的指导作用和启发意义,但多是从数据技术视角展开,缺乏将数据作为教育优化主要驱动力的相关研究。

1. 数据驱动的网络思想政治教育优化机遇研究

网络信息技术的快速迭代,使网络成为现实社会生活的时空扩展,深入影响人的思想心理,催生了网络思想政治教育这一新的发展形态。学者在研究过程中,探究了教育实践的崭新变化及时代机遇,并提出了许多有建设性的发展蓝图和实践前景。

教育研究范式变革。大数据为思想政治教育提供了全新的研究方法和研究范式。常宴会[①②]、张东、吕杰[③]、胡树祥、谢玉进[④]等绝大多数学者捕捉到数据量化优势,认为随着大数据技术发展,能够利用线上线下的行为痕迹,对人的思想、情感、心理和意识形态等内心世界进行量

---

① 常宴会.论思想政治教育应用大数据技术的理论基础和前景 [J].马克思主义理论学科研究,2020,6 (06):131-138.
② 常宴会.论大数据时代思想政治教育的科学化 [J].思想理论教育,2021 (01):47-52.
③ 张东,吕杰.精准供给:大数据时代高校思想政治教育创新 [J].重庆邮电大学学报 (社会科学版),2019,31 (01):75-81.
④ 胡树祥,谢玉进.大数据时代的网络思想政治教育 [J].思想教育研究,2013 (06):60-62,102.

化描述，创新思想政治教育研究范式，进而使思想政治教育的科学化程度上一个台阶。同时也有部分学者对大数据方法在思想政治教育研究中的科学性持怀疑甚至反对态度，康超、佘双好[1]对思想活动能否被数据描述、思想状况能否被相关性解释、思想趋势能否被精准预测等问题，梳理和阐释了正反双方观点，进一步探讨了大数据方法在思想政治教育研究中的科学化进路。也有学者从数据量化对教育实践活动的描述、指导等作用出发，提出了计算教育学的设想和探讨。《教育研究》编辑部[2]抛出了计算社会科学能否带来计算教育学的问题，阐释了支撑计算教育学知识生产出现的新趋势。刘三（女牙）[3]认为计算教育学将在数据驱动的研究范式推动下，对创新人才培养的方法、评价和管理等进行优化与重构。黄欣荣[4]认为思政教育系统将变成一个可分析、可计算的数据信息系统。此外，还有部分学者对利用数据驱动教育实效提升提出了可行的创新实践模式。熊校良[5]提出多学科协同育人平台（interdisciplinary collaborative education platform，i-CEP）的概念、体系架构和构建方法，期望借助计算社会科学协同实验平台，以多源异构数据驱动特征发现为基础，进一步开发新型多学科协同育人模式。

教育主客体关系变革。大数据时代，网络思想政治教育主体与客体之间的身份区别愈发模糊，究其原因，一方面是由于思想政治教育的实践场域向网络化、媒体化拓展，导致教育过程本身更加隐蔽和复杂；另

---

[1] 康超，佘双好. 大数据方法在思想政治教育研究中的科学性及其争议探讨［J］. 中国电化教育，2021（09）：59-63，87.
[2] 本刊编辑部. 2020中国教育研究前沿与热点问题年度报告［J］. 教育研究，2021，42（03）：37.
[3] 刘三（女牙）. 计算教育学［M］. 北京：科学出版社，2021：前言5.
[4] 黄欣荣. 数据驱动的大数据思想政治教育方法论［J］. 长沙理工大学学报（社会科学版），2019，34（05）：128.
[5] 熊校良. 大学生精准引领目标下的多学科协同育人平台构建［J］. 学校党建与思想教育，2021（05）：81-83.

一方面是由于教育途径的多元性和教育资源的便捷性，导致主客体动态变换。骆郁廷[①]认为凡是主动履行网络思想政治教育职能，自觉实施和开展网络思想政治教育的，就是网络思想政治教育的主体，反之，就是客体。陈春萍、张琼引[②]等依据网络互动中个体掌握信息的程度划分，认为"网络思想政治教育主体是指在教育实践中起主体性作用、居于主动性支配地位的个人或群体，而客体则是网络思想政治教育对象性关系中的行为对象"。从宏观上看，教育主客体二者之间的关系由主从关系的单向度灌输逐渐转变为互动对话关系，身份兼具双重性与易转换性。但从主流价值引导视角分析，教育主体仍然是主流价值和主流意识形态的主动发声者和引导者，而教育客体则可以进一步抽象为在网络世界中活动的所有个体或群体集合。随着西方关于主体间性概念的讨论，学者们普遍认为，网络空间中教育者权威消解和受教育者主体权利上升的客观现实确证了二者主体间性关系。丁科[③]指出网络思想政治教育主体间性架构包括网络人机互动关系、网络人际互动关系和网络自我互动关系。但主体间性所追求的主体同一性被持他者性观点的学者们认为是不可能实现且同样存在宰制倾向的。冯建军[④]认为，他者性教育立场中，双方不再期望同化他者，特别是教育者只是无条件地帮助他者实现自我，且对受教育者负有无限责任。

网络思想政治教育方法变革。大数据时代要求网络思想政治教育在理念升级和技术改造中，坚持不懈探索实践创新。在发扬网络思想政治

---

① 骆郁廷. 论网络思想政治教育的主体与客体［J］. 马克思主义与现实，2016（02）：2.
② 陈春萍，张琼引. 网络思想政治教育中的主客体信任困境及其化解［J］. 吉首大学学报（社会科学版），2019，40（03）：94.
③ 丁科. 对网络思想政治教育主体间性的思考［J］. 理论与改革，2011，182（06）：124-125.
④ 冯建军. 他者性：超越主体间性的师生关系［J］. 高等教育研究，2016，37（08）：6-7.

教育信息传播和隐性教育独特优势的基础上,学者们着眼于大数据在用户画像、精准推荐等方面的应用前景,提出了丰富的教育方法创新设想。张悦[1]针对青年民警思想政治教育特点总结了个性追踪教育法、隐性推送教育法、精准预测教育法以及数据分析评估法。赵建超[2]则指出依托大数据对教育方法的数据化,为内容完善和方法精准择取提供了数据分析、预测与整合的依据。周海保、张伟[3]认为,大数据能够提高思想政治教育的全样本调查、全过程监管和全系统评价,动态把握教育深层次规律,实现精准掌控思想、前瞻研判教育需求,整体提升教育主动性、针对性和实效性。徐志雄[4]认为,通过大数据能够掌握教育客体的思想特点,根据挖掘的教育依据提高教育精准性。可见,大数据为教育方法的改造和选择实施带来了变革机遇。此外,数据驱动的网络思想政治教育也诞生了数据化的新工具和新方法。胡纵宇、黄丽亚[5]指出借助数据图表来讲述思想政治教育原理、观点和要求,能够增加教育信度,还可以利用数据分析法解释宏大政治事件与大学生个人的关联,了解他们的参与度、态度及影响度。夏春燕[6]指出大数据能够通过对教育对象的心理、思想和行为预判,对偏离成长轨迹的未知可能进行预警,并结合教育环境等因素实现最佳教育时机预见,提高教育的前瞻性和主动

---

[1] 张悦. 大数据时代青年民警思想政治教育研究[D]. 北京:中国人民公安大学,2019:30-32.
[2] 赵建超. 大数据时代高校隐性思想政治教育的实践思维创新[J]. 思想教育研究,2021(04):36-37.
[3] 周海保,张伟. 用大数据思维理念助推思想政治教育创新[J]. 基层政治工作研究,2022(01):44-45.
[4] 徐志雄. 创新信息网络时代红色基因传承方式[J]. 政工导刊,2018(11):7.
[5] 胡纵宇,黄丽亚. 大数据时代大学生思想政治教育面临的问题及应对[J]. 学校党建与思想教育,2014(13):64.
[6] 夏春燕. 大数据预测功能的思想政治教育应用研究[D]. 大连:大连理工大学,2019:44-45.

性。王海稳、汪佳佳[①]也指出通过数据整合能够预测教育对象的思想态势，预估思想误区，从而开展具有针对性的教育引导。付强、刘世义等[②]指出思想政治教育必须适应大数据时代诉求，要推动个性化发展和人文关怀、实现精细化服务和精准化保证、增强科学化建设和规范化管理，为数据驱动的教育优化发展提供了可靠借鉴。李生寿[③]则从数据驱动教育方法创新的视角，提出要利用数据技术加强"滴灌式"教育。

网络思想政治教育评价变革。数据驱动的网络思想政治教育评价能够保证即时性评估、支持过程性评估、推动全面性评估，更好发挥"指挥棒"作用。林建武[④]等对网络思想政治教育价值能否被数据量化和算法处理进行了探讨，认为数据化评价是对价值评估模式的重构而非对价值本身的重估。任友谊、赵亮等[⑤]认为，数据驱动的教育评价能够将精神成果以数据量化的形式体现出来，进而进行分析考察。李玲[⑥]提出通过建立大数据采集平台、分析平台、反馈平台实现对网络思想政治教育传播情况、受教育者认知和行为的动态转变过程、教育工作者与教育对象间在理想信念、道德规范等方面的相互作用效果等进行数据化评估。此外，学者们在教育测量理论框架下讨论了数据驱动教育优化的实

---

① 王海稳，汪佳佳. 大数据时代高校网络思想政治教育创新研究［J］. 思想政治教育研究，2017，33（04）：144.
② 付强，刘世义，徐永利. 将大数据融入军队思想政治教育探析［J］. 指挥学报，2018（03）：37-39.
③ 李生寿. 运用大数据概念永葆政治工作生机活力［J］. 空军西安飞行学院教育训练研究，2018（02）：40-41.
④ 林建武. 数据主义与价值重估：数据化的价值判断［J］. 云南社会科学，2020（03）：48.
⑤ 任友谊，赵亮，姚芳. 以大数据驱动军队思想政治教育创新［J］. 基层政治工作研究，2021（02）：12-13.
⑥ 李玲. 论大数据时代高校网络思想政治教育创新［J］. 学校党建与思想教育，2021（19）：33-35.

践价值，张运良[①]认为教育大数据构建了教育测量与评价的基础数据，将对教育评价有效性产生重要影响。张皓彦、马玉慧[②]针对基于深度学习的个性化教育测量进行了研究探讨，认为利用技术创新能够有效弥补传统教育测量的问题和不足，通过进一步提高教育数据智能化处理，增强教育评价有效性。同时，也有部分学者观察到了过度依赖量化手段的弊端，为利用数据驱动质性评价相关研究指明了方向。么加利、罗琴[③]重点分析了高等教育评价中数字依附的现实表征，认为过度依赖数据量化评价，导致对受评对象的规制作用。杨欣[④]分析受制于数据算法的教育评价也可能面临偏见强化、排名陷阱、数字鸿沟和物化困境等风险。针对网络思想政治教育的德育功能，仲建维[⑤]主张教育评价要超越量化取向，增加质性德育评价方式的运用。从教育评价视角看，学者们在肯定量化手段的前提下，重视和强调对网络思想政治教育进行质性评价，对数据驱动效能发挥提出了更高要求。

总体而言，越来越多的专家学者对数据驱动教育优化的理论基础和现实环境进行了论证性、检验性分析总结，并提出了很多设想和展望。同时，相关学者对数据技术认识理解尚缺少足够的实践经验积累，更多是将大数据在其他领域的技术创新，经过思想政治教育等相关专业领域知识的类比推测，最终得出研究结论，导致目前实践探索和理论指导各行其是，缺少系统统一的研究合作。高校网络思想政治教育说到底是做

[①] 张运良. 大数据背景下教育测评工作思考［J］. 西安文理学院学报（社会科学版），2019，22（01）：106.

[②] 张皓彦，马玉慧. 基于深度学习的个性化教育测量综述［J］. 软件导刊，2020，19（03）：281-284.

[③] 么加利，罗琴. 高等教育评价的数字依附及消解［J］. 高校教育管理，2022，16（01）：27.

[④] 杨欣. 教育评价改革的算法追问［J］. 华东师范大学学报（教育科学版），2022，40（01）：22-24.

[⑤] 仲建维. 德育评价应超越量化取向［J］. 教育研究，2014，35（05）：75-77.

人的思想工作，其最终价值显现于教育客体在个体生活中所遵循的理想信念、价值观念和行为准则，这就要求数据驱动的高校网络思想政治教育优化研究要坚持实践观，抛弃对数据技术浅层次理解的无边"幻想"，而在体系指导下从具体实践探索的实际经验和矛盾问题中寻找研究切入点。

2. 数据驱动的网络思想政治教育优化挑战研究

技术是一把双刃剑，特别是以大数据为基础衍生演化的新一代信息技术，如数字画像刻画、个性化信息推荐、生成式人工智能等领域的快速发展，为高校网络思想政治教育顺势而为、借势而为带来了诸多需要深刻分析、超前预判、谨慎处理的矛盾问题，学者们围绕大数据技术带来的风险挑战展开了细致研究。

技术开发不成熟致使教育引导性消解。部分学者结合网络思想政治教育引导人、培塑人的根本诉求，深度分析当前数据技术应用的成功经验，敏锐地注意到大数据技术在其他领域蓬勃发展的同时，存在教育场景开发不完善的问题，如若简单进行技术复制移植，将弱化教育引导性。胡启明[1]指出数据权利彰显了信息实体与价值理性的冲突，大数据相关关系的结果和效用导向，忽略了背后的社会情景。王寅申、朱忆天[2]等指出大数据应用导致了思想政治教育过程的"人性缺失"，教育效果存在"浅学习"和"泛机器化学习"等问题。陈联俊[3]指出，数据智能算法为用户提供匹配性资讯，遮蔽个体的自主性选择权利，形成

---

[1] 胡启明. 大数据视域下思想政治教育研究反思 [J]. 思想理论教育，2020（04）：77-78.
[2] 王寅申，朱忆天. 沉浸传播时代思想政治教育的发展变革与价值澄明 [J]. 思想理论教育，2021（04）：93.
[3] 陈联俊. 算法技术的新挑战与网络思想政治教育的新举措 [J]. 思想理论教育导刊，2021（04）：126.

"回音壁""信息茧房"。罗亮[①]指出,完全依赖过去的数据来判断未来生成,所谓"私人定制"实则只是过往的"自我延伸"而忽视"发展可能",数据对过去"难以忘记"的刻板效应忽视了教育的塑造、发展功能。

技术发展资本化致使教育主导性偏移。部分学者从推动技术发展演进的背后逻辑出发,分析认为数据技术的发生与发展呈现出明显的资本逻辑特点,其价值取向不可避免受到资本影响。王瑞芳[②]指出大数据的主导技术主要集中于资本主义国家,将阶级输出资本主义的价值标准和意识形态。张杨、高德毅[③]等指出,在资本收益推动下,数据智能算法普遍遵从偏好迎合逻辑,以流量为导向,缺乏社会主流价值引导力。王贤卿[④]指出,在智能算法时代,网络平台制定作品推送规则遵循着以资本和利益为价值指标的资本逻辑,而不是作品的质量和价值。

技术应用基础弱致使教育可行性不足。有学者分析了数据驱动网络思想政治教育的技术缺陷。刘辉[⑤]指出思想政治教育的历史数据缺失、个体数据稀少、数据样本有限,并且数据异构多源、质量良莠不齐,导致数据挖掘难度大。汪洋、黄贵英[⑥]指出,目前远程教育思政课程的教学资源整合壁垒依然存在,与大数据时代学习资源融合融通的趋势相背

[①] 罗亮. 人工智能驱动思想政治教育创新的时代价值与实践策略 [J]. 思想理论教育,2021 (03):92.

[②] 王瑞芳. 大数据时代网络思想政治教育的创新发展 [D]. 兰州:兰州大学,2017:23.

[③] 张杨,高德毅. 算法推荐时代高校网络思想政治教育面临的挑战与应对 [J]. 思想理论教育,2021 (07):91.

[④] 王贤卿. 以道御术:思政教育对智能算法技术弊端的克服 [J]. 毛泽东邓小平理论研究,2021 (02):38-44,107.

[⑤] 刘辉. 高校思想政治教育应用大数据的现实困境与诉求 [J]. 思想理论教育,2015 (09):62-63.

[⑥] 汪洋,黄贵英. 大数据时代远程教育思政课程教学改革探析 [J]. 教育与职业,2021 (16):90-94.

离。季托[1]指出教育客体的行为数据大量存在于个人手机、电脑等智能终端，受制于商业组织对数据的存储权利难以突破、思想政治教育工作者技术能力不足等因素，在实际操作层面难以切实采集到足够的数据资源。

技术伦理难解困致使教育探索性受阻。部分学者关注于大数据应用的伦理问题，刘三宝、谢成宇[2]指出受教育者个人隐私保护程度和平台安全管理力度的平衡是不可避免的矛盾问题，由于技术手段、法规制度不够完善，在有关隐私权的问题上需要不断审视。李芒、张华阳[3]等指出，数据智能不能代替人的价值、剥夺人的主体性，要避免丧失教育的意义和价值。朱锋刚、李莹[4]等认为大数据技术不可避免地导致确定性终结，加之技术普及无法触及全部人群，就导致先进技术造成了伦理客体被淹没在繁荣发展图景之中。孙颖[5]认为利用大数据对受教育者"可能的未来"进行研究，这种对未来进行的"评定""干预"甚至"审判"趋势，实际上构成对受教育者的人格侵犯。

总体而言，众多学者开始更加注重对技术异化问题和伦理问题展开研究思考，并围绕实践应用和科学发展进行了理论反思，但受限于实践应用的相对滞后，对数据驱动网络思想政治教育的哲学思考和伦理研究还没有形成完整体系，有待进一步深入挖掘技术发展路径的基本原理。

---

[1] 季托. 数字环境中的分众思想政治教育探论［J］. 理论导刊，2021（03）：118-122.

[2] 刘三宝，谢成宇. 基于大数据的高校思想政治教育协同创新研究［J］. 广西社会科学，2021（04）：170.

[3] 李芒，张华阳. 对人工智能在教育中应用的批判与主张［J］. 电化教育研究，2020，41（03）：33.

[4] 朱锋刚，李莹. 确定性的终结——大数据时代的伦理世界［J］. 自然辩证法研究，2015，31（06）：114.

[5] 孙颖. 对思想政治教育大数据热的冷思考［J］. 中学政治教学参考，2021（24）：12.

3. 数据驱动的网络思想政治教育优化路径研究

目前相关研究主要分为技术观和问题观，两种体系建构方式都更加注重大数据技术自身存在的优势与不足，以及在其他领域成熟应用后所展现的强项与弱点，进而提出在大数据视域下，网络思想政治教育创新发展的必要性、可行性、怎么看等问题，在教育革新中发挥重要理论和应用价值的同时，也指导学者开展更加深入的实践路径探讨。

坚持以人为本原则。部分学者从马克思人学理论出发，认为网络思想政治教育优化要坚持以人为本的原则，特别是在大数据时代条件下，应该发挥数据技术对人深层需求的探寻优势，并指导教育实践更具人性关怀。付安玲[1]指出从提升人的数据智慧、引导人的虚拟交往、激发人的数据创新角度提升网络思想政治教育"获得感"。黄宁花、禹旭才[2]指出，运用大数据开展思想政治教育要以促进教育对象自由全面发展为出发点，以把准教育对象的个性化需求为切入点。

聚焦主流价值引领。部分学者从思想政治教育引领价值观导向的视角分析，认为网络思想政治教育要利用数据优势驱动思政教育内部提高价值引导力，同时在社会思想外部积极应对融媒体中主流价值观和意识形态的削弱趋势。王国鹏[3]认为要注重把控思想政治教育网络价值观引领导向。张杨、高德毅[4]研究数据驱动的智能推荐算法在教育领域的优化策略，认为要以主流价值内容引领算法逻辑，在逻辑设计中嵌入教育

---

[1] 付安玲.大数据时代思想政治教育"获得感"的人学意蕴[J].思想教育研究，2018（02）：39-40.
[2] 黄宁花，禹旭才.个性化思想政治教育：内涵、依据及对策[J].黑龙江高教研究，2021（05）：122.
[3] 王国鹏.高校思想政治教育应对重大危机事件的网络化模式构建[J].河海大学学报（哲学社会科学版），2021，23（04）：25.
[4] 张杨，高德毅.算法推荐时代高校网络思想政治教育面临的挑战与应对[J].思想理论教育，2021（07）：91-96.

和引导价值，制订以主流价值为核心的分发规则，为高校网络思想政治教育传播提供接入口。卢岚[①]在探讨数字环境中的分众思想政治教育时，全程性勘察以主流价值观为底色的"域"内协同共育的动态过程，使思想政治教育实践成为符合社会主流意识形态需要的价值选择活动。

强化数据应用治理。部分学者从大数据应用的治理视角分析，认为一方面要加强技术治理，高盛楠、吴满意[②]等提出要以技术方式应对技术性行为，强化对网络数据信息的监测监管。龙峰[③]强调要利用大数据等前沿技术，积极探索新的教育、学习和沟通模式，利用微信公众号等途径增强教育时代性。另一方面是立足当下的大数据应用的现实场景，采取措施积极应对。仲昭慧、刘鹿鸣等[④]认为要在网络思政队伍中培育好网络意见领袖，在线上和线下起到价值引领作用。廖卢琴、谢爱林[⑤]提出要打破媒介限制，将精品内容融入媒体矩阵，将思想政治教育网络话语通过矩阵传播得到持续强化。张宝君、孙志林[⑥]指出要精心设置网络思想政治教育议题，聚焦时政热点以及大学生关心关切的现实问题。

建设数据教育平台。部分学者从大数据应用的需求出发，认为需要加强网络思想政治教育平台建设，以此为依托增强思想政治教育的精准性、针对性和实效性。董亲学[⑦]指出构建智慧思政大数据平台，由思想

---

① 卢岚. 数字环境中分众思想政治教育研究［J］. 思想理论教育，2021（06）：75-81.
② 高盛楠，吴满意. 论大数据时代思想政治教育中的意义共享［J］. 学校党建与思想教育，2021（15）：80.
③ 龙峰. 思想政治教育应贯彻精准原则［J］. 长缨，2018（08）：75.
④ 仲昭慧，刘鹿鸣. 大数据时代学校思想政治教育空间治理探论——以网络生态空间治理为视角［J］. 黑龙江高教研究，2019（04）：142.
⑤ 廖卢琴，谢爱林. 圈层与连接：思政教育网络话语传播困境与出路——基于矩阵传播的视角［J］. 教育学术月刊，2021（07）：52-53.
⑥ 张宝君，孙志林. 智媒时代高校微空间思想政治教育的审视与创优［J］. 思想理论教育，2021（02）：87.
⑦ 董亲学. 大数据助力高校智慧思政建设的三重维度［J］. 学校党建与思想教育，2021（16）：38.

政治理论课教学平台、管理服务平台、高校党建平台、科学研究平台等优化集合。韩承敏[1]指出要创设一种新型的师生交流平台、交友平台、研学平台，实现精准育人目标，推进全员、全过程、全方位育人落地见效。宋广军[2]指出要建设高校思想政治教育网络平台，运用"大数据"技术优势，集整合思想政治教育学科教学资源、构建智能化数字教育传播模式和面向公众公益性服务功能于一体。王一琦[3]认为，通过构建理论教育产品大数据库，提供丰富优质的教育产品，用好移动智能平台为教育客体提供更好的"用户体验"。王征[4]指出，要基于大数据分析能力，加快微博、微信等公众号建设，研发手机 APP 软件，精准感知教育客体需求，精准实施"一对一"教育供给。黄夷、刘国武[5]总结了武警贵州省总队运用大数据破解思想政治教育难题的实际经验，实现了思想调查覆盖全员、教育实施覆盖全域、教育管控覆盖全时。

提高受众数据素养。部分学者认为要注重提升教育受众自身素质，培养信息甄别筛选能力和智能算法适应能力。禚海英[6]指出要提升教育受众的审美素养，避免受到算法支配，提高信息安全素养。伦宏、蒋冠裙[7]认为，大数据时代需要大力提升数据素养，构建包括需求平台、技术平台、教育培训平台和共享平台在内的数据素养培育和运用服务平

---

[1] 韩承敏．反思与重构：高校数字思政教育研究［J］．江苏高教，2021（05）：90.
[2] 宋广军．"大数据"时代构建高校思想政治教育网络平台的可行性分析［J］．思想政治教育研究，2018，34（02）：155.
[3] 王一琦．大数据助力理论教育"升级换代"［J］．政工导刊，2019（05）：35-36.
[4] 王征．准确把握网络特性增强"网络+教育"实效［J］．基层政治工作研究，2019（05）：43-45.
[5] 黄夷，刘国武．运用大数据破解思想政治教育难题［J］．基层政治工作研究，2020（01）：53-54.
[6] 禚海英．人工智能背景下思想政治教育的算法风险与应对策略［J］．中学政治教学参考，2021（28）：55.
[7] 伦宏，蒋冠裙．大数据时代需大力提升官兵数据素养［J］．政工导刊，2019（09）：13-14.

台，助力数据素养提升。何跃、甘荣丽[①]指出，为了应对"数据噪声"挑战，应加强法律法规建设，引导广大青年提高信息安全素养，做网络安全文明人、明白人。

规范数据开发安全。部分学者采取反向思维，重点反思数据驱动能力建设中需要关注的安全问题。郭炳通、王晓文认为，大数据技术本身可能导致数据安全与隐私泄露问题，必须建设一支与之配套的技术队伍，负责数据安全保障工作。陈秀秀[②]指出教育客体的行为轨迹、消费痕迹以及"朋友圈"的符号信息可能造成身份信息泄露，要完善法规制度确保数据安全，通过"人工智能伦理协会"规范行业标准，掌握主动权和非法活动打击能力。

完善配套保障体系。学者们普遍认同促进大数据应用科学赋能网络思想政治教育的核心在于人才队伍建设、协同机制建立和法律法规制度建设。部分学者认为应重点加强思想政治教育工作者的综合素质，提升技术应用能力和媒介应用能力。张宝君、孙志林[③]等区分进取型、保守型、居安型思想政治教育队伍分别提出素质培养模式。何跃、甘荣丽等认为要培养懂专业、文理通的"十"字形人才队伍。部分学者则主张加强综合性网络思想政治教育队伍建设。刘三宝、谢成宇[④]指出要强化队伍协同，重点加强大数据技术、分析和教育三支队伍建设。颜笑[⑤]认

[①] 何跃，甘荣丽．"数据噪声"的挑战与高校思想政治教育的应对策略［J］．广西社会科学，2021（03）：166-171．
[②] 陈秀秀．智能时代失泄密问题及其防范［J］．基层政治工作研究，2019（08）：49-51．
[③] 张宝君，孙志林．智能时代高校思政队伍"微"能力提升模式［J］．江苏高教，2021（03）：78-79．
[④] 刘三宝，谢成宇．基于大数据的高校思想政治教育协同创新研究［J］．广西社会科学，2021（04）：171．
[⑤] 颜笑．人工智能嵌入思想政治教育的思考［J］．中学政治教学参考，2021（32）：55．

为要积极引入相关领域关键人才，同时教育者要在数据预处理、知识图谱搭建等过程中提升参与感，发挥指导作用。部分学者认为要构建数据驱动网络思想政治教育多方协同机制。罗亮[①]指出应加强学校与学校、学校与地方、学校与企业协同，促进智慧校园与智慧城市相衔接，推动智能教育发展。何跃、甘荣丽等认为要通过立法严惩数据噪声制造者，通过普法教育引导大众提高信息安全素养。胡华[②]指出思想政治教育工作者要主动学习和运用人机协同技术与设备，并要参与到人工智能教育平台的设计中，以达成人机协同育人目标。

总体而言，学者们从不同视角给出了利用大数据优势，增强网络思想政治教育实效性的方法路径，以及应对技术应用带来的新情况新问题，既有宏观原则的思考，也有具体实施方法手段等可操作性建议。实践路径研究必须从教育体系出发，遵循教育基本规律，在理论预构中深入分析大数据在教育要素及运行机制中的结合点，进一步明晰大数据作为重要驱动力优化教育创新的突破口。

（二）国外研究现状

国外少有"思想政治教育"这一专业领域，相关研究更加注重实践转化，突出表现在探讨如何挖掘教育数据，如何分析受教育者个体需求，如何开展量身定制的个性化教育，以及如何开展更加有利的教育管理和教育方式等方面，其中利用大数据提高教育评价实效是发展较为迅速的领域之一。

大数据对教育影响的研究。2012年美国教育部发布《通过教育数据挖掘和学习分析促进教与学》报告，对美国国内大数据教育应用领

[①] 罗亮.人工智能驱动思想政治教育创新的时代价值与实践策略[J].思想理论教育，2021（03）：93.

[②] 胡华.人工智能嵌入大学生思想政治教育的SWOT分析及应对策略[J].思想政治教育研究，2021，37（04）：116-119.

域和案例，以及应用实施所面临的挑战做了详细介绍，标志着"数据驱动学校，分析变革教育"的大数据时代已经来临[1]。牛津大学教授迈尔-舍恩伯格（Viktor Mayer-Schönberger）、学者库克耶（Cukier）所著《与大数据同行：学习和教育的未来》呈现了未来教育形态与大数据时代教育新图景，通过对大数据教学实践与应用个案的具体解读，进一步阐释了大数据教学的非凡效果以及大数据时代教与学的变化，指出了大数据将从根本上改变教育，为教育带来巨大变革并产生深远影响[2]。迈尔-舍恩伯格和库克耶在接受访谈时谈到，大数据将在整体上重塑教育系统，改变教育提供者的版图。同时也认为，在教育领域中不加选择地随意使用大数据，的确会产生重大风险，至关重要的是必须在互信环境中得到学生和家长的信任[3]。Woolf B P 等[4]指出教育发展的5项趋势，包括个性化学习、核心能力培养、教育数据分析、教育服务的普及化和终身化。

大数据在教育领域的应用研究。国外关于大数据在教育中应用实践的典型之一是大型开放式网络课程，即慕课（Massive Open Online Courses，MOOC）。部分学者采用数据分析的科学研究方式分析 MOOC 平台建设和课程建设等改进策略，如 Kseniia Vilkova 利用俄罗斯平台的三门 MOOC 课程进行实验数据对比，证明了自主学习（Self-Regulated Learning，SRL）干预在学习者人口统计学方面普遍存在异质效应，为

---

[1] 徐鹏，王以宁，刘艳华，等. 大数据视角分析学习变革——美国《通过教育数据挖掘和学习分析促进教与学》报告解读及启示[J]. 远程教育杂志，2013，31（06）：11-17.

[2] 刘淑玲，孔德明. 大数据教学及其传承中华优秀文化遗产之效用研究——评《与大数据同行：学习和教育的未来》[J]. 高教探索，2020（08）：141.

[3] 赵中建，张燕南. 与大数据同行的学习与教育——《大数据时代》作者舍恩伯格教授和库克耶先生访谈[J]. 全球教育展望，2014，43（12）：8.

[4] WOOLF B P, LANE H C, CHAUDHRI V K, et al. AI grand challenges for education [J]. AI magazine，2013，34（04）：66-84.

具有特定特点的学习者设计个性化支持服务提供了科学依据①。Dilrukshi Gamage 等针对 MOOC 平台的互动性和协作性构建了评估指标体系，由 10 位专家进行权重评价，最终得到量化评价矩阵，并对 MOOC 平台设计提出了有益建议②。Brahim Hmedna 等基于斯坦福大学所提供的在 edX 平台上发布的"统计学习"课程数据集，采用大数据分析技术和机器学习算法，比较论证了不同算法模型对自动划分学习者学习风格的性能，期望能够最终建立完善的学习分析系统，以提高 MOOC 教学效果③。部分学者则利用大数据技术和算法模型探索智能化服务，如 Chaudhri 等人针对 MOOC 利用数据智能为学习者提供个性化建议④。Siemens 等指出通过对学习者以及他们的环境数据测量、收集、分析和汇总，可以对学习进行数据分析，以理解和优化学习及学习情景⑤。Mortha Manasa devi 等利用大数据处理 MOOC 平台中的非结构化视频，实现场景文本检测与识别，以期为视频索引和文本翻译提供自动化服务⑥。Ram B. Basnet 等利用 MOOC 平台的开源数据比较了深度学习和

---

① VILKOVA K. The promises and pitfalls of self-regulated learning interventions in MOOCs [J]. Technology, Knowledge and Learning, 2022, 27 (03): 689-705.
② GAMAGE D, PERERA I, FERNANDO S. MOOCs lack interactivity and collaborativeness: Evaluating MOOC platforms [J]. International Journal of Engineering Pedagogy, 2020, 10 (02): 94-111.
③ HMEDNA B, MEZOUARY A E, BAZ O. A predictive model for the identification of learning styles in MOOC environments [J]. Cluster Computing, 2020, 23 (02): 1303-1328.
④ CHAUDHRI V K, GUNNING D, LANE H C, et al. Introduction to the special articles in the Fall and Winter issues: Intelligent learning technologies: Applications of artificial intelligence to contemporary and emerging educational challenges [J]. AI Magazine, 2013, 34 (03): 10-13.
⑤ SIEMENS, GEORGE. Learning analytics: The emergence of a discipline [J]. American Behavioral Scientist, 2013, 57 (10): 1380-1400.
⑥ DEVI M M, SEETHA M, RAJU S V. Automated text detection from big data scene videos in higher education: a practical approach for MOOCs case study [J]. Journal of Computing in Higher Education, 2021, 33 (03): 581-613.

机器学习在预测辍学率上的差异[1]。在大部分学者聚焦数据应用的过程中，美国宾夕法尼亚大学构建了 MORF 框架，实现了对 MOOC 学习数据的存储和分析服务，并采取多种安全特性实现风险和收益平衡[2]。而 Elise Young 则针对 MOOC 大数据所涉及的个人隐私问题，评估了家庭教育权利和隐私法案（Family Educational Rights and Privacy Act, FERPA）的隐私语言是否能够解决 MOOC 背景下的大数据收集和分析问题[3]。

此外，国外研究聚焦于通过学生的家庭背景、身体情况、个人情况、学习管理系统日志等数据预测学习成绩等，为学校和教师改善教学行为、开展绩效评估等提供早期预警和改进建议。如 Leo C. E. Huberts 等利用一所荷兰高中提供的超过 1700 名学生的详细数据对成绩预测模型进行研究[4]。L. N. Singelmann 利用机器学习分类器完成学生创新能力评价，且结果证明相较于人工创新具有更显著的一致性[5]。此外，很多学者致力于通过对学生学习行为的多模态数据分析，实现对学习状态的精准把握，以及对学习趋势的精准预测。Blikstein 等利用学习者文本、

---

[1] BASNET R B, JOHNSON C, DOLECK T. Dropout prediction in Moocs using deep learning and machine learning [J]. Education and Information Technologies, 2022, 27（08）: 11499-11513.

[2] HUTT S, BAKER R S, ASHENAFI M M, et al. Controlled outputs, full data: A privacy-protecting infrastructure for MOOC data [J]. British Journal of Educational Technologys, 2022, 53（04）: 756-775.

[3] YOUNG E. Educational privacy in the online classroom: Ferpa, MOOCS, and the big data conundrum [J]. Harvard Journal of Law & Technology, 2015, 28（02）: 549-592.

[4] HUBERTS L C E, SCHOONHOVEN M, DOES R J M M. Multilevel process monitoring: A case study to predict student success or failure [J]. Journal of Quality Technology, 2022, 54（02）: 127-143.

[5] SINGELMANN L N, EWERT D L. Leveraging the innovation-based learning framework to predict and understand student success in innovation [J]. IEEE Access, 2022（10）: 36123-36139.

话语、行为、情感等多模态数据，实现对学习动机、态度及认知水平的细致刻画[①]。Andrew Emerson 则通过对游戏化的学习场景中学生学习过程中的行为数据和平台日志数据进行算法分析，所预测的兴趣等级结果正确率超过 50%，通过对学生在游戏过程中的玩法、眼球追踪和面部表情等多模态数据进行分析，实现了对学生游戏兴趣的有效预测，表现出指导游戏教学进程的巨大潜力[②]。Ryosuke Kawamura 等实验了多模态数据对自动识别在线学习者清醒状态的突出作用，提高了对学习状态预测的准确性[③]。部分学者则尝试构建多模态数据分析平台以提高教学服务质量。Roberto Munoz 等测试了基于微软 Kinect 传感器的免费软件在识别身体姿势上的可行性和改进策略，以满足对多模态教学数据的自动化采集要求[④]。Daniel Spikol 等通过实验表明神经网络和传统回归方法都可以用来分类多模态学习数据，为技术应用提供了重要借鉴[⑤]。Fabian Fabián 等进行了由 11 组本科生组成的案例研究，依托构建的多模态数

[①] BLIKSTEIN, PAULO, WORSLEY, et al. Multimodal learning analytics and education data mining: Using computational technologies to measure complex learning tasks [J]. Journal of Learning Analytics, 2016 (02): 220-238.

[②] EMERSON A, CLOUDE E B, AZEVEDO R, et al. Multimodal learning analytics for game-based learning [J]. British Journal of Educational Technology, 2020, 51 (05): 1505-1526.

[③] KAWAMURA R, SHIRAI S. TAKEMURA N, et al. Detecting drowsy learners at the wheel of e-Learning platforms with multimodal learning analytics [J]. IEEE Access, 2021 (9): 115165-115174.

[④] MUNOZ R, BARCELOS T S, VILLARROEL R, et al. Body posture visualizer to support multimodal learning analytics [J]. IEEE Latin America Transactions, 2018, 16 (11): 2706-2715.

[⑤] SPIKOL D, RUFFALDI E, DABISIAS G, et al. Supervised machine learning in multimodal learning analytics for estimating success in project-based learning [J]. Journal of Computer Assisted Learning, 2018, 34 (04): 366-377.

据分析环境，实现对学生小组合作过程的可视化和数据分析[①]。Omid Noroozi 等设计了多模态数据可视化分析处理平台，为教师和学生提供方便简化的多模态学习分析服务[②]。除了倾向于探索教育大数据实践应用的研究外，很多学者采用更加宏观的研究视角对教育大数据的分析应用进行把握。如 Wilson Chango 等在关于多模态学习分析与教育数据挖掘二者数据融合的综述论文中对多模态学习分析进行了分类，将多模态学习分析的数据源分为传统的课堂数据、在线课堂数据、混合教学环境数据（Hybrid learning & Blended learning），并总结了学者们利用数据开展的应用级研究的现状[③]。Kenneth Li-Minn Ang 等在关于教育大数据与分析的综述论文中对教育大数据的概念、数据源、数据技术和平台架构等做了细致且全面的汇总梳理[④]。整体而言，国外尤其是西方发达国家，依靠其原创技术优势在较长时间的发展过程中对教育活动进行了丰富实践探索，积累了大量原始数据和具体经验，呈现出较强的实践应用导向。

利用大数据助推教育的伦理研究。对教育而言，大数据技术应用还存在诸多伦理问题需要研究和防范，以防止技术异化导致教育初衷偏移，国外学者对此展开了深入探究。约翰·帕克（John Parker）认为大

---

① FABIÁN F, MUNOZ R, LEAN R M, et al. Using multimodal learning analytics to study collaboration on discussion groups［J］. Universal Access in the Information Society, 2019, 18（03）：633-643.

② NOROOZI O, ALIKHANI I, JÄRVELÄS, et al. Multimodal data to design visual learning analytics for understanding regulation of learning［J］. Computers in Human Behavior, 2018（100）：298-304.

③ CHANGO W, LARA J A, CEREZO R, et al. A review on data fusion in multimodal learning analytics and educational data mining［J］. WIREs Data Mining and Knowledge Discovery, 2022, 12（04）：e1458.

④ ANG K L-M, GE F L, SENG K P. Big educational data & analytics：Survey, architecture and challenges［J］. IEEE Access, 2020（12）：116392-116414.

数据带来"全民监控"危机[①]，这与大数据在教育领域中所期待的"全知全觉"不谋而合，也是教育行业必须面对并解决的问题之一。Mutlu Cukurova 等意识到基于大数据的多模态学习分析存在侵犯隐私、持续监控、模型公平等方面的伦理问题亟待解决[②]，特别是数据来源、算法模型等公平性能否与教育公平原则相适配，是否存在加重教育失衡或带来潜在失衡等矛盾问题，还缺少系统详尽的研究论述。在预见问题的同时，很多学者从大数据技术应用和教育领域交叉研究等视角提出了有益建议。迈尔-舍恩伯格和库克耶提出通过设立算法专家，运用专业知识对教育机构的数据和算法进行查验监督，起到行业规范作用，确保大数据被公正有效地应用[③]。Reidenberg 认为应该通过在学习技术中建立监督机制和问责机制来保证数据安全，并且从分配正义的角度对教育公正领域的资源稀缺、目标偏离、同侪效应、决策偏见等问题提出了相应的决策建议[④]。可见，以西方社会为主的国外研究学者从个人权利公平视角出发研究伦理问题，更加强调加强数据安全、个人隐私保护以及公平普惠，呼吁通过立法立规实现对大数据应用的限制和约束。

总体而言，国外大数据驱动教育优化方面的理论创新和实践探索较为成熟，在大数据技术指引下，从实践应用出发尝试优化教育的具体方案和实践路径，在这一过程中，为了获得更多公民的认可和接受，自然更加关注伦理研究，相关成果为研究数据驱动的高校网络思

[①] 约翰·帕克. 全民监控：大数据时代的安全与隐私困境［M］. 关立深，译. 北京：金城出版社，2015：1.
[②] CUKUROVA M, GIANNAKOS M, MARTINEZ-MALDONADO R. The promise and challenges of multimodal learning analytics［J］. British Journal of Educational Technology, 2020, 51 (05): 1441-1449.
[③] 维克托·迈尔-舍恩伯格，肯尼斯·库克耶. 与大数据同行——学习和教育的未来［M］. 赵中建，张燕南，译. 上海：华东师范大学出版社，2014：93.
[④] REIDENBERG J R, SCHAUB F. Achieving big data privacy in education［J］. Theory and Research in Education, 2018 (02): 1-17.

想政治教育优化提供了重要启发。但是在把数据技术优势转化为教育关键驱动力的研究上还未建立起系统完备的学科体系、学术体系、语话体系，研究的视野和场域更加聚焦于应用层，突出为技术优势领航教育创新。

四、思路方法

基于对相关概念的深刻理解把握，通过查看大量既往研究材料和新技术发展应用的前沿文献，确立论文研究思路，选择有效研究方法，研究过程坚持理论结合实践，在最终成果中体现创新性和可操作性。

（一）研究思路

对于数据驱动教育优化的研究，应该从网络思想政治教育本质内涵中寻求数据驱动体系建构方式，在深刻理解数据驱动的内涵要义、应用规律和独特优势基础上，剖析网络思想政治教育各类静态要素和动态机制，并将数据作为教育运行核心驱动力量的完整结构，以期建构微观可行和宏观完善的科学研究体系，在突出实践落实落地的要求下，探讨利用数据优化高校网络思想政治教育的方法策略，达成理论体系的逻辑自洽和深刻严密。如图1-1所示，具体分为以下六个部分：

第一章为绪论。重点阐述研究的问题缘起、研究价值，对紧密相关的国内外研究成果进行系统梳理总结，明确研究思路与方法，凝练创新点。

第二章为概述。重点对数据、数据驱动、高校网络思想政治教育以及优化等核心概念进行界定，进一步梳理大数据时代高校网络思想政治教育创新发展面临的难得机遇和严峻挑战，对机遇的总结更加突出前沿数据技术的优势导向，对挑战的总结则结合理念、主体、方法、评价等教育要素进行针对性解析，突出问题导向和应用导向的研究思路，为后

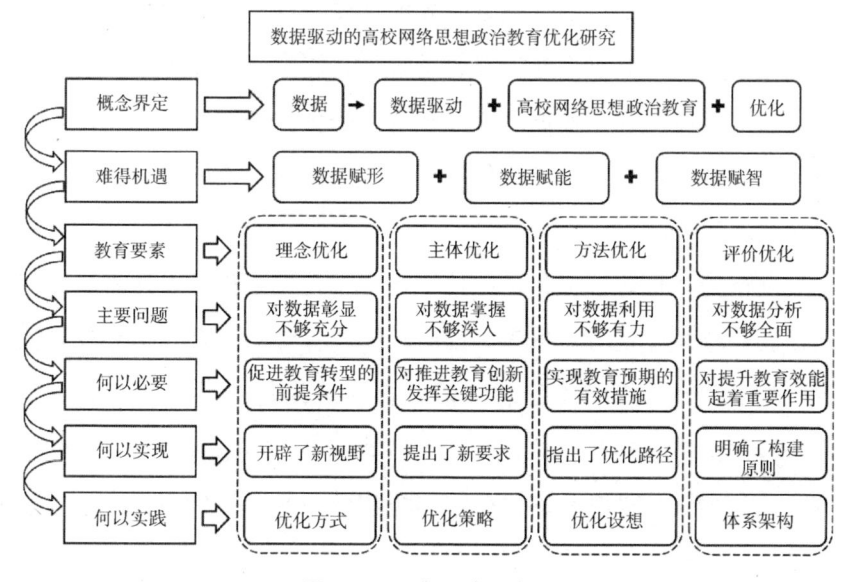

图 1-1 研究思路示意图

续探讨优化策略提供指向和抓手。

第三章为教育理念优化。思维理念作为教育转型的前提条件，反映了教育本质、彰显了时代特征，是教育实践指向的基本遵循。本书将教育理念优化作为首要研究问题，主要分析大数据整体性思维、开放性思维、动态性思维对教育理念优化带来的切入口和落脚点，对标教育主体、方法和评价等要素，突出理念对实践的引领和指导作用。

第四章为教育主体优化。主体能力素质对教育创新发挥着关键作用，主体主动性提升是教育创新的直接动力，创造性增强是教育创新的发展动力，超越性拓展是教育创新的价值动力。本书着眼教育主体在数据驱动视域下实现高校网络思想政治教育优化应具备的能力素质，结合高校人力资源管理和人才培养现有体系，探讨素质培养、队伍建设和保障机制建设等主体能力素质优化的实践策略。

第五章为教育方法优化。方法作为达成教育目标的重要手段、控制教育过程的重要联结、确保教育效果的重要条件，是实现教育预期的有效措施和必然要求。本书通过对教育准备、实施和研究的规律性理解和认识，分别具体阐释了数据驱动的教育方法优化的突破口和新样态，并尝试将研究结论运用到具体优化过程中，提出深度改进现有教育方法的对策建议。

第六章为教育评价优化。评价对促进教育效果提升发挥着重要指导作用，能够科学评定教育效果、即时总结教育经验、有效指导教育实践改进。本书针对高校网络思想政治教育评价优化的本质规律和现实要求，探讨评价体系构建原则，结合教育评价相关理论成果和实际案例，尝试明确和细化数据驱动的高校网络思想政治教育评价指标体系，以期对评价体系改革提供有益借鉴。

（二）研究方法

选择科学有效的研究方法对保证研究效果至关重要。为了准确把握研究重点和难点，提高调查分析的针对性和实效性，在研究过程中主要采取以下研究方法：

文献研究法。研究初期广泛查找搜集相关书籍、学位论文、期刊、报纸、学术会议论文集等文献资料，尤其重点关注最新的期刊论文，通过分析整理和归纳总结，获得了基础性、创新性和启发性的观点论断。

多学科交叉法。综合运用马克思主义哲学、教育学、思想政治教育学、数据科学、管理科学等学科成果和方法，全方位、多视角对高校网络思想政治教育优化策略进行探索和思考，增强问题总结和对策建议的准确性、客观性、科学性。

比较研究法。当前，地方党政机关、企事业单位、军队等积累了丰富的实践经验和理论研究成果，针对性进行横向对比并总结提炼，不仅能拓宽研究视野、启发研究思路，还能使研究成果更加贴近现实，提高可操作性。

案例研究法。当前国内外在数据驱动教育优化、网络宣传、人物画像、量化评价等领域做出的实际案例成为需要系统把握和深入理解的重要资源，通过对理论创新如何在数据技术层、组织机构层等落地见效予以合理探索，从一般性经验中总结出具有普遍适用价值的规律、原则、路径，提高研究的可信度和可行性。

第二章 概 述

厘清数据、数据驱动、高校网络思想政治教育和优化的基本内涵，探析数据驱动的思维方法对教育实践带来的深刻影响，探求二者相结合的底层规律逻辑，是数据驱动的高校网络思想政治教育优化研究必须首先回答和明确的问题。在此基础上有针对性地梳理分析当前高校网络思想政治教育面临的机遇和挑战，为进一步研究夯实基础并明确方向。

一、概念界定

解决问题的首要环节就是确定基本概念，否则后续研究将缺乏理论边界，容易导致论述缺乏学理支撑、结构脉络出现混乱等情况。因此需要从数据概念入手，分析界定数据驱动的基本内涵和基本特征、高校网络思想政治教育的理论界限以及优化的理论规律。

（一）数 据

数据（Data）是对所有客观环境事实的记录和描述，是能够被鉴别的符号或符号组合，包括各类结构化数据和非结构化数据。其中结构化数据能够存储在数据库中，用二维表结构来完成逻辑表达和数据分析，为业务决策提供数据支持。随着新一代信息技术快速发展，图片、XML、HTML、音频/视频等非结构化数据借助算法模型发挥了重要的数据分析和数据决策作用，大数据概念逐渐成形。

"大数据"从英文"Big Data"一词直译而来，最初是用来表示数据的量化特征，随着实践不断发展，大数据开始在科学研究、社会管理和经济生产等领域展现出非同寻常的作用。当前，大数据技术正处于多领域蓬勃发展的上升阶段，由于研究视角和侧重点不同，对大数据的内涵存在多种不同理解和阐释。

一是从物理特征角度，将大数据定义为"无法在一定时间范围内用常规软件工具进行捕捉、管理和处理的数据集合，是需要新处理模式才能具有更强的决策力、洞察发现力和流程优化能力的海量、高增长率和多样化的信息资产"。此观点认为大数据的价值来自巨大的体量以及与之相适配的处理手段应用，重点关注数据集合本身所具有的数据来源广泛、产生传输速度快、数量规模大等物理特征。

二是从技术应用角度，将大数据视为从数据生成、采集、存储、传输、处理、分析等各环节所应用的传感器、云计算、人工智能等先进技术的整体架构。此观点认为世界的本质就是数据，核心在于通过大数据技术为人类认识并改造世界创造了可计算、可理解、可预测的全新维度，并赋予人类操作性强且能够持续迭代的数据工具，例如利用关联规则、分类、回归、聚类分析和神经网络等模型处理数据。

三是从数据价值角度，强调大数据是在特定场景下覆盖全时、全域、全维的数据集合，在进行处理分析的基础上产出超越直觉和经验的强大洞察力、决策力和预测力。相对而言，此观点更加关注大数据带来的应用价值，强调避免技术异化和数据歧视等问题，认为大数据是人们获得新认知和创造性价值的源泉所在。

四是从方法论角度，将大数据视为科学研究的第四种范式，即数据密集型范式，使人类在面对纷繁复杂的自然世界和经济社会生活时，获得了一种依靠客观数据积累、概率计算和规律挖掘来进行思考决策的新的思维观念。此观点认为大数据促使传统规则驱动型模式向数据驱动型模式转变，将数据分析结果直接作用于事件发展，提供正向指导和反馈。

综合以上四种视角，将大数据视为综合性概念，以数据资源和应用技术的自身优势为基础，用大数据方法论赋能具体场景，借此获得全新的价值，驱动特定实践创新有序发展。

关于大数据的特征，被学者们广泛认可的说法是"4V特征"，即数据量大（Volume）、数据类型丰富（Variety）、数据更新速度快（Velocity）、价值密度低但应用价值高（Value）。从大数据应用的功能价值视角分析，大数据具有"描述、预测、决策"等要素特征。

一是描述。特定应用场景中，至少有一个主体的数据需要经过识别、串联等进行细致描述，这是大数据应用的基础。以人类用户为例，互联网世界中，大部分用户都会在不同平台中注册账号，将产生包括但不限于购物数据、浏览数据、娱乐数据等等，大数据技术能够将看似无关的数据串联起来指向同一个现实主体。此外，大数据可以对数据主体进行多维描述，例如阿里巴巴为每一名用户标注了18个性别标签[①]。大数据也能够对一些偏感性抽象的概念进行量化描述和可视化展现，例如用户是否喜欢一段短视频，可以借助浏览量、点赞数等数据进行描述，也可以利用回看率、停留时间等数据进行描述。

二是预测。由于大数据能够记录较长时间内某些问题的全部数据，能够科学可靠地描述主体的历史数据，在经过必要的归纳和分析后，就可以凭借新采集的数据片段，对可描述的同类情况做出较高契合度的判

---

① 车品觉.决战大数据（升级版）：大数据的关键思考[M].杭州：浙江人民出版社，2016：43.

断和预判。一种是特征归纳类推,包括相似个体类推、归属群体类推和函数法,主要是从历史数据描述中提取相似特征或"函数关系"作为预测依据;另一种是趋势预测,包括回归模型拟合法和机器学习法,主要是建立描述数据与时间特征的关联关系,得到预测模型。

三是决策。决策是指针对具体事件,为达成特定目标而进行的信息搜集、加工,最后做出判断、得出结论的过程。大数据对全局多源异构数据的描述能力,能够找寻到决策场景中各要素间的相关关系(包括因果关系),在强大算力支持下形成全局、系统的结论或决策。这一过程可以理解为包含描述、预测、决策三个阶段的闭环体系结构。理论上,当输入的数据来源覆盖完整事件且数据量足够大,具备了多源异构数据融合分析、关联规则挖掘和知识发现的数据处理能力,构建了基于决策目标的精确动态决策模型,就可以完成特定事件的智能决策。

与大数据相对应的是小数据,其在大数据时代初期逐渐淡出视野,但随着大数据思维和技术的不断革新,小数据的自身优势和发展前景逐渐被人所重视,其内涵特征有了新的扩展。不同学者从社会科学研究、管理应用和智能技术开发等领域进行了深入且有益的探索,主要分为三种观点。

一是认为小数据主要源自问卷调查、访谈等方式获取的抽样调查和实验研究数据。这种观点认为小数据是为了回答特定问题而生成的,在社会科学研究中,小数据在采集前已经被设置了严格的假设和约束[①]。这时,小数据包含有限的、断点式公开数据,以及主动采集的主观数据和预测数据,被用作"理论驱动"的数据佐证、验证和启新,利用演绎、归纳等方法进行分析和决策。

二是认为小数据主要针对个体进行的数据采集结果,由此形成了个

[①] 苏令银. 大数据时代的小数据会消亡吗 [J]. 探索与争鸣, 2019 (07): 75.

体相关的全方位数据。这种观点认为小数据主要用来描述个体的状态、关系、行为等属性数据，能够更加精确、细致地描述个体①。这时，小数据在相对局限的场域内，同样寻求全局数据，需要灵活高效的数据采集等大数据技术，期望利用客观数据对研究个体进行侧面刻画和分析利用。

三是认为"大数据"是指相关数据全体，而"小数据"是相关数据全体的一个子集。这种观点认为，小数据是大数据的刻画，需要通过小数据尽可能地反映大数据的语义②。这种观点类似于数据摘要或数据指纹，期望通过"代表性""一致性""多样性"的语义反映大数据在驱动决策等方面的创新价值，以此解决大数据在成本、伦理等方面的问题和矛盾。例如吴恩达认为，拥有50个精心设计的示例所组成的优质数据，就足以向神经网络解释用户希望它学习什么③。在数据驱动视域中，采用以上三种小数据的综合视角，将其都纳入数据这一概念中进行分析讨论，以发挥"驱动"效应。

小数据概念源自大数据，又区别于"体量小、种类少、不连续"的数据，而是具有了大数据某些特征的数据集合，从小数据应用的功能价值视角分析，在具有"描述、预测、决策"等要素特征的基础上表现出以下特征。

其一，规模相对性。与传统数据只能进行有限的抽样调查不同，小数据能够借助大数据技术提高整体性能，例如利用网络和计算机完成调

---

① 罗敏，赵天齐，郭王玥蕊."见微知著"：现代管理中的小数据[J].现代管理科学，2021（04）：38.
② 陈国青，张瑾，王聪，等."大数据-小数据"问题：以小见大的洞察[J].管理世界，2021，37（02）：204.
③ STRICKLAND E. Andrew Ng: UNBIGGEN AI——The AI pioneer says it's time for smart-sized, "datacentric" solutions to big issues [EB/OL].（2022-02-09）[2022-10-07]. https://spectrum.ieee.org/andrew-ng-data-centric-ai.

查问卷和数据统计，突破传统统计方法的人力物力约束，提升数据采集量和处理量。此外，小数据在个性化应用中，呈现出相对的大数据特征，例如图书馆利用用户有限的数据进行个性化推荐等服务[①]，需要采集读者特征数据、阅读行为数据、阅读场景数据、阅读社会关系和阅读心理数据，相较于大数据采集与图书馆业务、对象和服务相关的所有数据，其规模要小得多。

其二，视角微观性。大数据因为覆盖全时空、全维度而呈现较为宏观的观察视野，小数据则更加聚焦特定个体或事件，较为微观的观察视角催生了小数据规模较小、价值密度高、成本较低等特点。在小数据的微观视角中，运用机器学习、深度学习和人工智能算法等大数据技术，可以充分挖掘其价值，前述图书馆个性化推荐服务案例中，小数据是指以读者为中心的相关数据，其场景限定更加微观具体，也促使价值挖掘更加彻底深入。

其三，理论指导性。完全的大数据思维采取全局视野，期望摆脱理论束缚，单纯利用数据方法分析得到事物的相关关系（包括因果关系），而小数据则采取数据与理论相互协调配合的方式，乐于接受理论的指导和约束，也更容易审视事物间的因果关系。例如，部分疾病可以借助数据智能提供高效的诊断和治疗方案作为参考，如快速识别肺部炎症等，但具体分析致病机理时，则需要在专业理论框架内通过小数据分析得到强因果关系[②]。

(二) 数据驱动

大数据时代，人类发现通过可量化的数字符号（无论是大数据或

---

① 陈臣.基于小数据决策支持的图书馆读者个性化服务定制与动态推送系统研究[J].图书馆理论与实践，2022（02）：82.
② 刘朝，马超群.大数据与小数据深度融合的价值与路径[J].人民论坛，2021（Z1）：33.

小数据）能够从另一侧面表征事物属性，甚至洞悉容易被忽略的客观规律。例如谷歌公司通过分析特定检索词条的使用频率与流感在时空传播之间的联系，成功预测了流感的发生[①]，这一过程甚至不依赖对检索词条的语义理解。这种数据化方式，即运用数据驱动，探索客观世界的现实真相，指导现实世界的行为决策。

驱动，指支持事物发展的动力源，意在通过内部牵引、外部施力，促使事物不断向前发展。而数据驱动是大数据时代的产物，一方面继承了传统意义上依靠数据认识事物、比较事物、辅助具体事件决策的含义，这里更加注重发挥数据的理性证据作用，寻求的是"经验主义"向"证据主义"转向；另一方面则是关于大数据应用的专属名词，更多的是突出运用大数据的技术优势提高对事物的认知和决策水平。数据驱动成为一种超越传统视角的全新思维，这里也包含了两层含义，一是通过大数据技术开发出人脑无法认知的高度、深度和广度，得到对整个世界更高层次的整体认知视角、更深层次的关联规则挖掘以及更广维度的系统性描述能力。二是借助计算机、云计算等对数据的强大算力，建立泛在量化数据资源与定性目标之间的对应关系，并通过超高速计算得到实时稳定的结果输出，成为辅助决策的依据。

所谓数据驱动，是指在累积事实数据的基础上，通过数据采集、挖掘、处理、分析等工具，实现对当前数据深层特征的准确认知和规律发现，构建能够对未来形势准确进行演化预测和风险预警的模型，从而更加科学、智能地完成规划与决策。数据驱动的意义在于，为无法直接而准确解决的矛盾问题提供一种客观可查的处理方案，实际上是利用数据量和计算量来降低实证研究成本，在足够大的样本量面前，决策的概率

[①] 迈尔-舍恩伯格，库克耶. 大数据时代——生活、工作与思维的大变革[M]. 盛杨燕，周涛，译. 杭州：浙江人民出版社，2014：2-4.

偏差可以忽略不计，保证了数据决策的准确性。而数据自身的客观属性，与人类依赖数学工具评判科学性的认识倾向相契合，又保证了数据决策的可信度。

根据数据发挥的作用不同，数据驱动可以由浅入深分为4个层次，即辅助、协作、主导、洞见，对应着大数据技术应用的4个发展阶段，逐渐由数理统计到智能化发展。

辅助是最浅层次的数据驱动方式，指在传统业务场景中，利用数据记录功能和大数据描述功能，将实际发生的动态事实以数据形式记录下来，供业务人员进行阅读、查询、存储，为其准确判断现状、认识发展规律和做出业务决策提供数据辅助。这一层次下，数据驱动只能认为是业务决策中的数据参考系，其发挥的驱动力十分有限，通常以数据图表、量化指标等形式存在，数据源也没有进入大数据范畴，而是散布在业务场景中由人力使用传统Excel、SPSS等数据处理工具进行采集、输入和处理的数据。

协作是次浅层次的数据驱动方式，指已经在业务场景中嵌入数据分析体系，开始利用各类数据分析模型和方法，对累积的历史数据和持续采集的实时数据进行深加工，数据的潜在价值开始被开发利用，与业务工作协同运转，提高整体运行效率。这一层次下，数据驱动被认为是与业务决策分庭抗礼、并行运转的力量，发挥着重要的驱动力，通常以数据仪表盘、数据体系、数据产品等形式存在，数据源也进入大数据范畴，需要借助数据埋点、传感器等进行数据自动采集，开始关注数据格式的标准化。此时，数据驱动已经能够突破传统人力界限，帮助决策者提高整体把控力、全维洞察力。

主导是"数据驱动"的次深层级，指从"数据化运营"转变到"运营数据"的数据驱动模式，在业务和数据间没有了明显界限，而是融为一体，以数据为基础主干，通过数据的分析处理、深度挖掘等结果作为决策依据，并建立各业务场景间的数据化、标准化信息交换机制，进一步推动业务场景自主运行。这一层次下，数据是业务发展的主要驱动力，在数据采集和分析处理标准化的基础上，开始利用机器学习、深度学习两种算法充分挖掘和释放数据价值，通常以人工智能等形式存在，利用数据化的思维认识世界、数据化的工具改造世界，在相对固定的场景中替代人类自主决策。

洞见是"数据驱动"的最深层级，指在充分设计开发数据自主处理能力的基础上，实现"人—机"系统有效耦合。从数据驱动视角对世界进行"数据重组"，而后利用深度学习等技术开展价值挖掘，发现人类思维逻辑无法提出的假定设想，或人类思维惯性无法发现的关联规则，然后通过人机协作继续推动业务场景以新视角、新智慧为指导继续发展。这一层级下，数据驱动成为洞见业务发展新局面的主要动力源，大数据成为提高人类智慧层次和思维层次的重要方式，数据已经不再止于数据本身，而是成为一种全新的思维模式和科学范式。

（三）高校网络思想政治教育

网络思想政治教育随着"网络社会观"的形成和发展，已经成为网络环境下思想政治教育的新形态，是"在网络信息生态中，主流意识形态信息高势位供给与网民高自主需要互动共生的，有目的、有计划、有组织地促进人思想、政治、道德素质全面提升的数字化教育实践"[①]。探究高校网络思想政治教育概念，首先要回答高校网络思想政治教育与网络思想政治教育之间有何异同。研究认为高校具体明确了概念的范围和论域，将泛在全网的教育活动限定在高校这一范围内，在此

---

① 谢玉进. 新时代网络思想政治教育概念再界定与研究深化［J］. 思想教育研究，2022（05）：58.

范围内能够进行"有目的、有计划、有组织地教育实践"的教育者只能是高校这一官方行政形象，受教育者也进一步被压缩为在网络空间的高校师生，同时又通过多种渠道延伸到全网，发挥更广泛的教育引导效果。为了更加清晰、准确地确定概念边界，需要从具体实践视角进一步探讨高校网络思想政治教育的本质、内涵和基本要素。

1. 高校网络思想政治教育的本质

高校网络思想政治教育本质承续于思想政治教育，而关于思想政治教育本质，学界已经进行了充分细致的讨论，要求立足现象与本质这一对唯物辩证法的基本范畴，从现象入手，透过现象去把握高校网络思想政治教育的本质。

高校依托网络场域对所属师生员工开展思想政治教育活动，无论采取何种方式途径和具体内容，其中传递的价值观念都没有偏离中华优秀传统文化、社会主义核心价值观、主流意识形态、社会道德规范和人文精神关怀。从其根源探究，表现出鲜明的政治性和阶级性，更加具体的表达是，高校网络思想政治教育致力于培养堪当民族复兴重任的时代新人，这既体现了思想政治教育这一实践活动和理论学科从中国共产党创立发展一路走来的历史积淀，也彰显了党在不断实践中将马克思主义与中国实际相结合三次历史飞跃中的智慧结晶。从高校网络思想政治教育，甚至思想政治教育的实践来看，众多学者和教育工作者所秉持的灌输论、人学论、掌握群众论、社会治理论和多重本质论都内含于中国共产党人和马克思主义者对世界、国家、政党、个人等的科学理解和思想追求，都是为最终解放全人类而进行的政治性和阶级性活动，是不可淡化的根本属性。

从思想政治教育学科视角把握本质，要求进一步从党外国外的思想政治教育或同性质教育实践活动来分析。思想政治教育在任何国家和地区都属于统治阶级对被统治阶段进行的"思想上层建筑"的构造和引导,势必决定于"经济基础",这种经济基础源自社会劳动人民的实践探索和理论升华。在现代社会中,"统治阶级"一方面享有社会统治力量,有能力形成政治阶级国家化和公共权威权力化,对社会的"意识形态"具有主动传播和引导的能力和诉求;另一方面,社会民众在社会实践中具备了较为冷静的辨别能力与自主的选择能力甚至反抗能力,反过来决定了具有一定"政治性和阶级性"的思想政治教育活动要被群众所接受,必须符合全社会普遍性的价值追求,真正脱离政治性和阶级性的思想运动既难以在短时间内形成大范围、深层次的影响,又必然受到统治阶层的干预和调整,也确证了思想政治教育所具备的政治性和阶级性。

叶方兴[1]、陶磊[2]在对石书臣[3]的思想政治教育本质观的分析研究中,认为思想政治教育本质是政治性,而思想政治教育的政治性是党的意志、人民意志的需要,也是社会主义国家意志的根本要求。实质上思想政治教育的政治性或者说政治实践性并不局限于意志,还在于对科学理论的教授、灌输和传播,因此,我国思想政治教育的政治性是中国共产党人和马克思主义者所认同和坚持的科学理论、理想信念和价值信仰,内蕴对中国共产党"两个确立"的政治认同,对"把马克思主义基本原理同中国具体实际相结合、同中华优秀传统文化相结合"的理论认同,对习近平新时代中国特色社会主义思想世界观和方法论的思想认同。高校网络思想政治教育在继承思想政治教育本质的同时,也具有

---

[1] 叶方兴. 政治性? 抑或意识形态性? ——思想政治教育本质的理论辨明 [J]. 求实, 2010 (10): 85-88.

[2] 陶磊. 意识形态性,还是政治性? ——与石书臣《思想政治教育的本质规定及其把握》商榷 [J]. 河海大学学报(哲学社会科学), 2011, 13 (04): 13-16, 21, 89.

[3] 石书臣. 思想政治教育的本质规定及其把握 [J]. 马克思主义与现实, 2009, 98 (01): 175-178.

其鲜明特点，即，高校按照党、国家和民族的政治要求以及高校办学育人理念，主动影响和改变所属师生的思想和行为，而围绕网络场域开展的教育实践活动。

2. 高校网络思想政治教育的内涵

对高校网络思想政治教育本质的认定，进一步规范和指导高校网络思想政治教育在网、用网过程中遵循的网络思想政治教育一般规律，并赋予由"高校"这一界定词所带来的个性化内涵拓展。

第一，网络信息生态是高校网络思想政治教育的存在场域[①]。无论是互联网还是校园局域网，信息生产、传递和反馈都遵循着网络化的特征与规律。不同于线下教育活动的权威性和组织性，在海量信息的不断冲刷下，教育内容逐渐向"短、精、专、特"转变，期待以最快速度抓住教育客体眼球，以系列化、IP化演绎拉长长尾效应，信息分发与传递呈现出全网广播、搜索定位、精准投送、圈层传导等特点，信息反馈既可以借助符号化表达拉平教育者和受教育者身份差距，又能够支持社会大众和高校师生借助自媒体、意见表达和观点互动随时转化为教育者。因此，传统线下教育经验和模式不能生搬硬套到网络空间，必须在坚守思想政治教育本质内核基础上，积极开展适网化改造升级，实现轻量和厚重相结合、权威和启发相结合、培塑和引导相结合、灌输和对话相结合。

第二，社会主义价值引领信息高势位供给是高校网络思想政治教育的基础功能[②]。以大学生为中心的高校群体，面对信息繁杂、文化多元的网络信息生态，表现出更强的适应性和接纳性，也带来个体甚至圈层

[①] 谢玉进. 新时代网络思想政治教育概念再界定与研究深化[J]. 思想教育研究，2022（05）：58.

[②] 崔钊，李晔晔. 高校网络思想政治教育的功能及实现路径[J]. 学校党建与思想教育，2022（20）：62.

核心价值失范的潜在危机和巨大考验。高校网络思想政治教育必然承担起培塑和引导师生价值观念的重要责任，并对信仰信念、道德规范等起到根本性、长远性的引领作用，要求教育主体建强主流教育平台，多维度、高产量供给教育信息，抢占网络流量和网络阵地，通过舆情管控和引导，积极营造良好网络环境，使师生在高势位信息供给中接受显性教育引导和隐性感染同化。

第三，高势位供给与高自主选择之间的矛盾是高校网络思想政治教育的主要矛盾。与面对面的课堂讲授等传统教育场景不同，网络教育场景缺乏规约性，师生在网络中享有高度自由的选择权，注意力容易偏向兴趣爱好、放松娱乐等信息，甚至受到意识形态渗透蛊惑和个人叛逆猎奇心理控制，导致高校网络思想政治教育被边缘化。这就要求教育供给遵从网络供给逻辑，既要通过抢占网络阵地和网络流量吸引师生注意力转向，又要主动了解和适配不同师生群体的思想疑惑和表达方式，构建以高校师生为中心的内容体系和传播路径，使师生在网络信息冲击下仍能建立相对稳定的教育供给。此外，还要积极探索引导以自媒体为代表的网络大环境自觉开展教育活动的责任感和使命感，通过正向弘扬和负向批判引导大众网络意见领袖主动靠拢主流价值，自觉参与舆论生态治理，让主流意识形态占据网络主阵地，使正能量成为主能量。

3. 高校网络思想政治教育的基本要素

思想政治教育构成要素一直是学界研究的重点领域，在实践总结、理论升华和哲学借鉴的过程中，产生了丰富的研究成果。但周文静、胡树祥[1]指出，当前研究缺乏对网络思想政治教育主客体互动机制的考察。因此，必须坚持在对主流观点的梳理对比中，进行实践互动分析，

---

[1] 周文静，胡树祥. 网络思想政治教育主客体研究的回溯与展望——基于CiteSpace的可视化分析[J]. 学校党建与思想教育，2022（07）：81.

从探讨教育者和受教育者的身份界定和互动关系切入，提出对高校网络思想政治教育基本要素的观点见解。

关于网络思想政治教育中教育者和受教育者要素分析，骆郁廷、陈春萍等学者坚持主体客体观念，认为凡是主动履行网络思想政治教育职能，自觉实施和开展网络思想政治教育的组织（包含其管理者、组织者和实施者等）或个人，就是网络思想政治教育主体（包括管理主体、实施主体、支持主体和自我教育主体），而接触网络思想政治教育信息的组织和个人都是客体[1][2]。这一划分标准强调的是教育"行动"，而非教育"身份"，采取的是宏观的、社会的视角，而非微观的、特定的视角，因此主客体之间并不存在完全的单向度关系，而是呈现出复杂多变又相互交叉的组织关系。在高校网络思想政治教育论域中，高校的特殊性决定了教育主体范围不能扩大到全网，而应限定在高校内部。在互联网持续主动发声的党政军官媒、新闻机构等社会组织以及部分自媒体等，虽然公开发布了数量众多的媒体信息和网络课程，对高校师生发挥了重要的教育引导效果，但无法被高校直接管理和控制，只能对其进行评估，并引导和约束师生的关注行为，呈现出教育环境的特征。

实际工作中，高校网络思想政治教育几乎由行政机构开展管理和组织运行，包括思想政治理论课的网络化适配以及日常思想政治教育工作的网络化转型。除此之外，一股不可忽视的力量是高校师生，一部分师生在网络空间主动发声，如以自媒体形式展示个人兴趣爱好、人格魅力，以 vlog 等形式记录学习、工作和生活点滴，参与社会热点事件和热门话题的评论互动，讨论和评述学校办学质量、师生言行情况等。虽然具有一定的话语圈层和价值倾向，但更多地表现为娱乐性、留念性和随

---

[1] 骆郁廷. 论网络思想政治教育的主体与客体［J］. 马克思主义与现实，2016（02）：2.
[2] 陈春萍，张琼引. 网络思想政治教育中的主客体信任困境及其化解［J］. 吉首大学学报（社会科学版），2019，40（03）：94.

意性，其中频频闪烁的正能量信息也呈现碎片化特征，几乎少有个体或集体以受教育者身份期待从中获得系统、完备、科学的思想共鸣，不符合上述教育主体条件，因此大多仍为高校网络思想政治教育环境的组成部分。另一部分师生则致力于通过网络弘扬中华优秀传统文化、记录乡村振兴好人好事、呼吁社会正能量、展现积极向上的人生状态等，如第六届"中国青年好网民"优秀故事评选的"于爱山""大头果果""马背少女驰娜尔"等，他们以自媒体形式参与弘扬社会新风，具有自觉开展网络思想政治教育的实践活动，且在运营过程中相对容易受到高校官方的关注和引导，因此可以被认为是高校网络思想政治教育主体的重要组成。

因此，高校网络思想政治教育主体是由高校管理、运营和引导的，在网络空间主动履行网络思想政治教育职能，自觉实施和开展网络思想政治教育的组织或个人。由于教育主体在网络中生产的教育类信息具有相对集中的关注和浏览用户圈，匿名或非匿名状态下的师生与教育主体间仍存在潜在教与被教的关系。这一概念界定貌似将自主开展自我教育的教育主体性排除在外，实则作为受教育者的师生，其开展自我教育的"主体性"除了生成于家庭教育和社会感染之外，更多依赖于高校网络思想政治教育主体主动激活和提升教育客体的自我教育主体性，引导其形成有组织、有目的的自我教育活动，因此，师生通过网络开展系统性自我教育活动时，其自身也属于高校网络思想政治教育主体。

综上所述，高校网络思想政治教育要素仍然包括主体、客体、介体和环体，其中主体是由高校能够直接管理的主动开展网络思想政治教育的组织或个人，而接受由教育主体发布的教育信息的组织和个人都是教育客体。从主体职能划分，教育主体由管理主体、实施主体、支持主体和自我教育主体构成。从教育的具体实施执行者视角划分，对应思想政治课和日常思想政治教育分类方式，主体主要分为高校网络思想政治教育机构和高校新闻宣传教育机构两大类，前者既包括致力于在网络上开展教育实践活动的组织和个人，例如"高校思想政治工作网""中国大学MOOC"等致力于思想政治教育的组织，又包括利用网络开展远程网络思想政治教育活动（包括虚拟网络实践活动）或利用网络资源开展线下教育活动的各级教育工作者，如高校辅导员等；后者则主要包括高校媒体宣传平台或账号等的具体工作者，主要在宣传教育中引导和教育高校师生。管理主体是管理和控制实施主体的行政管理者，支持主体则是为实施主体提供技术、平台、资源等支持的服务方。介体包括教育内容、方法和载体，突出网络信息生态下的创新和拓展。各要素在高校网络思想政治教育系统中的相互关系如图2-1所示。

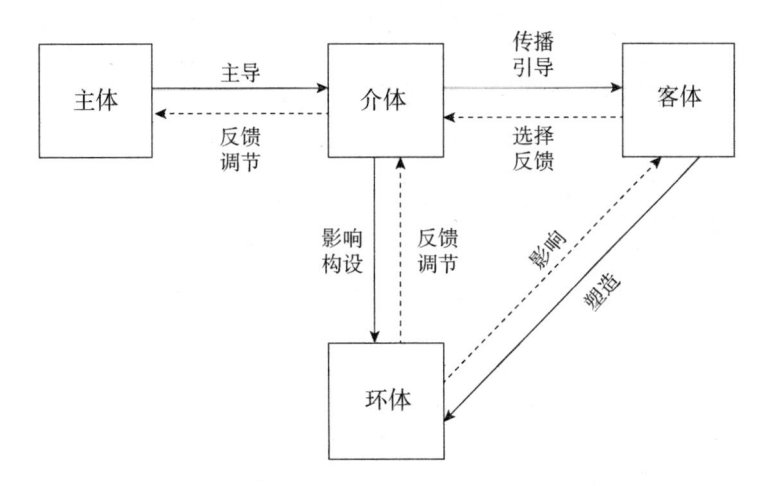

图 2-1 高校网络思想政治教育要素相互关系示意图

教育主体与客体的关系是学界讨论的热点，部分学者认为"主体—客体"观点将思想政治教育视为对象性活动，无论是以教育者为中心，还是以被教育者为中心，都导致了以自我为中心去要求甚至迫使对方发生改变，因而更加倾向于"主体间性"观点。认识到主体间性追求复数主体的平等而忽略了差异性和现实性，进而阐释了"他者性"观点,认为教育主体对教育客体具有无限责任,且不要求得到客体回报。

在高校网络思想政治教育论域内,教育主体与教育客体的关系难以真正实现"主体间性"和"他者性",但能够从中得到重要启发与借鉴。教育主体在教育实践活动中仍起着主导作用,在主动适应环体基础上,通过介体认识教育客体状态,确定教育方向目标,主导教育内容、方法和载体的制作、选择,在影响构建环体过程中对教育客体发挥教育引导作用,并通过教育评价判断自身教育责任落实情况,进而做出针对性调整。教育客体则具有主动性和选择性,通过是否阅读信息、是否认真思考、是否袒露心声等方式决定是否接受介体,甚至能够选择是否融入环体、是否开展自我教育,教育效果最终体现为教育客体的思想心理状态和行为表现,并通过介体反馈至主体。教育介体具有纽带作用,是主体、客体、环体相互联系、相互作用的中介环节,决定着教育能否传导至教育客体,教育客体感受能否反馈至教育主体。教育环体起着条件作用,左右着教育方向和目标的确定,对教育主体的决策实施、介体的选择和客体的思想行为起着重要影响作用,也能够被教育主体和客体的行为所影响和塑造,其中教育客体与环体之间还存在互动关系,能够直接被环体所影响,而教育客体的网络言论和行为等又构成环体的重要部分。

(四) 优化

《现代汉语词典》中"优化"是指:"采取一定措施使变得优秀"①,具体而言可以有两层含义,一是通过去其糟粕使其更加优秀,二是通过继承并发扬其精华使其更加突出,无论是哪一种含义,"优

---

① 中国社会科学研究院语言研究所词典编辑室. 现代汉语词典(第六版)[M]. 北京:商务印书馆,2016:1643.

化"都没有改变事物的原有本质和属性，注重在事物的客观实在性基础上发挥主体的主观能动性，强调的是对原有核心的调整和改造。

从这里可以看出，"优化"不能单纯地理解为"创新"，而应该是"守正创新"。其中，守正是优化发展的前提和保障，明确的是从哪里来到哪里去的问题，创新是优化发展的方法和动力，明确的是怎么去的问题[1]。优化彰显着守正和创新辩证统一的哲学思想，二者既相互矛盾又相互统一，体现着习近平新时代中国特色社会主义思想认识世界、改造世界的重要立场、观点和方法。党的二十大报告将"坚持守正创新"列为"六个必须坚持"的重要一条，是在马克思主义中国化时代化的历史进程中，经过历史检验和科学凝练而总结得出的根本性认识，是继续推进实践基础上的理论创新的科学指引，要求始终坚持实事求是地站在历史规律和客观规律的立场上，正确认识规律、把握规律和运用规律，在守正的基础上坚持以问题导向指导创新，以系统思维开展创新。

首先要搞清楚什么可以变、什么不能变，这是守正和创新蕴含着的变与不变的辩证统一关系。守正要继承传统，创新要革新传统，二者作用于同一事物，却朝完全相反的方向发展，但又是辩证统一的。守正，关键在于"正"，守的是那些不能变化或者不容易变化的思想、理论和规律，而"创新"创的是那些容易变化的、局部的，需要优化的部分。守正的目的是维持事物的本源价值，也是对创新的引导和约束；创新的目的是优化事物外在向度，以保持本源价值应对时代挑战的生存活力，是为守正保驾护航。优化预示着单纯守正将导致当外在因素无法适应环境变化时，固执坚持的本源价值将陷入故步自封、抱残守缺的困境，而如果只顾创新而不顾守正，则容易导致无方向的发展变化，最终致使本源价值发生根本性改变，就不再是优化，而是毁灭与重塑。优化的潜在

---

[1] 慎海雄.以守正促创新 以创新强守正[J].求是，2018（19）：11-13.

含义就是要坚持本源，即守正，外显含义就是要进行改革调整，即创新。坚持守正，确保事物本源不变，才能保持创新的方向正确。不断创新，提高事物外在属性特征发展变化的质量和效率，剔除不合时宜的部分，修订需要完善的部分，增加与时俱进的部分，才能保证事物本源的不断壮大。

其次要搞清楚发展规律是什么，最终要发展成什么样子，这是守正和创新蕴含着的合规律性和合目的性的辩证统一关系。优化的目的是使事物变得更加优秀，体现的是一种价值追求，同时优化指向的是在深层次把握事物发展规律基础上的创新创造，要求在认识世界和改造世界活动中，尊重和遵循基本客观规律，通过主观能动的思维和实践活动，对不合规律的部分进行修正完善，创造性地丰富和发展客观规律，不断创造出合规律性和合目的性相统一的新的实践和认识成果。对高校网络思想政治教育而言，合目的性体现在自身存在的价值和目标任务，即，高校网络思想政治教育能否始终坚持铸魂育人、立德树人，推动新时代高校师生自觉践行社会主义核心价值观，确保积极正确的政治信仰、理想信念、道德追求和综合素养，在推进中国式教育现代化过程中解决好为谁培养人才、培养什么样的人才、怎样培养人才的根本问题。高校网络思想政治教育的合规律性体现在坚持理论灌输、思想引导和实践指引的正确规律，要求坚持以习近平新时代中国特色社会主义思想为指导，坚持以人为本，坚持走好群众路线，同时也要遵循时代发展的特殊规律和思想政治教育的基本规律，契合高校师生思想引导的客观规律。二者的关系是辩证统一的，合目的性本身就蕴含着合规律性，要求在追求价值实现时遵循基本规律，否则就难以达到目的，而单纯的合规律性又否定了主观能动的创造性，属于机械唯物论，不利于事物价值的保存和延续。

最后要搞清楚如何变，这是守正和创新蕴含着的创新二重性的辩证统一关系。关于创新，马克思从劳动生产过程中的技术创新、社会生产的制度创新等层面将经济发展和社会进步结合起来，提出创新具有二重性，在为生产力带来发展动力的同时，又不同程度地导致了人被物质所异化，具体表现为资本主义逻辑对创新的裹挟。所谓优化必然离不开创新，而创新的二重性则必然与失败如影随形。一方面，如今各种新技术新理念不断改造着世界，无处不有朝气蓬勃的创新，但是技术新旧无善恶，创新应用有是非[1]。高校网络思想政治教育起源并发展于新技术新理念，其优化也依赖于新技术新理念的创新应用，要求创新必须以守正为前提和基础，时刻保持创新发展的方向性和政治性，既要解决与新的时代条件不相吻合的问题，又要聚焦更高层次更好效果的教育目标，努力开创教育新局面。另一方面，高校网络思想政治教育优化，必须依靠创新探索未来，创新是守正的路径和发展，只有创新才能实现有活力地守正，创新为高校网络思想政治教育带来阶段性成果的同时，不可避免地会引发负面性影响。创新能够容忍失败，但不能改变事物本源，必须时刻坚持守正，不能只顾"金山银山"而抛弃"绿水青山"，对高校网络思想政治教育而言，不能从技术向度考虑如何改造教育，而应该从教育向度考虑如何应用技术，不能一味迎合师生兴趣诉求，而要注重科学理论和主流价值的灌输引导，在优化中重视守正对创新的约束和指导作用，以及创新对守正的发展和推动作用。

二、大数据时代高校网络思想政治教育迎来难得机遇

数据驱动本质上是现代科学进步带来的一种新理念新模式，其最先由一批精通计算又熟识数据的商业个体在具体应用中不断发展壮大，作

---

[1] 李晓. 守正创新的内在关系与文化溯源[J]. 人民论坛，2021（16）：99.

为一种驱动力，数据在诸多领域已经发挥出令人惊叹的作用，并继续向人们昭示着其蕴含着的巨大价值。洞悉数据驱动为高校网络思想政治教育带来的机遇，要立足于思想政治教育这个根本所在，注重主导数据技术为教育服务，从大数据技术特点入手，探析驱动高校网络思想政治教育发展的宝贵机遇和升级维度，由外部特征发挥牵引作用，逐渐向内部特征发挥主导作用转变。

（一）教育刻画更加精细

从"数字""符号"用来记录，再到"文字"的出现和电子信号的使用，数据一直发挥着描述世界、解释世界、辅助人类理解世界的作用。而大数据技术诞生，凭借其空前的描述能力开始超越理性的数量反映和意义表达，能够对更加抽象的主观感受和情感状态进行理性转述，甚至突破人类的生理极限，跳出人类的感知习惯，形成一种全新的刻画方式，对高校网络思想政治教育而言，促成了更加精细的形态描述和状态记录，作为基础数据资源能够实现对高校师生价值观念、思想情感和心理认知的直接映射，为算法模型等智能体自主实施网络教育活动提供训练数据、实验数据等，有效支撑教育实践效果提升。

高校网络思想政治教育主体和客体的数据刻画，主要是对高校师生个人及组织的属性刻画，即为教育主体和客体构建反映高校网络思想政治教育功能、进程和效果的"用户画像"。这一过程需要将教育主体和客体在现实空间和网络空间的静态属性、活动状态、言行痕迹等进行数字化记录，使教育主体和客体在网上网下的现实存在转变为以数据标签为基础的数字存在。表2-1所示为教育主客体个人数据标签体系，表2-2为教育主客体组织数据标签体系。

表2-1 教育主客体个人数据标签

标签名称	标签主题	一级归类	标签类型
男	静态属性	自然性别	统计
年龄	静态属性	年龄	统计
思想政治理论课教师	静态属性	职业	统计
近×日访问×网时长	用户行为	近×日访问×网行为	统计
共青团中央公众号	关注类型	党政官方媒体	统计
VGAME游戏公众号	点赞类型	娱乐媒体	统计
马克思主义基本原理概论	学习类型	思想政治教育类	统计
12：00—2：00	社交属性	微信社交活跃时间段	规则
网宣管理主体	教育行为	角色类型	规则
……	……	……	……

表2-2 教育主客体组织数据标签示例

标签名称	标签主题	一级归类	标签类型
领导管理组织	静态属性	组织名称	统计
高校新媒体中心	静态属性	组织名称	统计
10人	静态属性	组织规模	统计
高校党委	静态属性	组织结构	统计
专职办公室	静态属性	组织结构	统计
采编记者	静态属性	组织结构	统计
网宣实施主体	教育行为	角色类型	规则
网络课程支持主体	教育行为	角色类型	规则
校党委（常委）会	教育行为	工作机制	统计
现场办公会	教育行为	工作机制	统计
……	……	……	……

高校网络思想政治教育从内容上划分，主要区分思想教育、政治教

育、道德教育、法治教育、心理教育和综合素质教育6种类别。思想教育是高校网络思想政治教育的根本性内容，主要对师生的价值信仰和理想信念进行培育，包括马克思主义哲学、马克思主义政治经济学、科学社会主义、毛泽东思想和中国特色社会主义思想、习近平新时代中国特色社会主义思想等科学理论武装，为师生提供认识世界、改造世界的根本思想方法和强大思想武器。政治教育是高校网络思想政治教育的导向性内容，主要对师生的政治观、政治能力和政治素养进行培育，包括党的基本理论、基本路线、基本方略和党性党纪等基本知识，规定着思想政治教育的阶级属性和政治方向，是师生保持健康正确政治头脑和积极向上政治思维的本质保障。道德教育是高校网络思想政治教育规范和引导师生社会行为准则的主要内容，主要内容包括爱国主义、中华优秀传统文化、社会公德、家庭美德、职业道德、高校精神和办学理念，形成具有高校鲜明特征的集体性道德约束和品德塑造。法治教育内容包括习近平法治思想、社会主义民主意识、宪法和法律知识、法治思维和司法意识、安全与预防犯罪。心理教育内容包括心理健康知识、心理调控方法、心理健康咨询、心理疏导调节。综合素质教育内容包括创新素养、科技素养、媒介素养、创业就业、美感、伦理等。在对内容分别进行数据刻画时，如表2-3所示，重点对内容标题、内容细类、内容类别、格式分类、发布平台、发布时间、制作方、播放/预计浏览时长、目标画像、教育方式（与教育方法相对应的内容分类，例如马克思主义哲学相关教学内容，可设计为理论深研内容或解读讲授内容）等静态数据进行全面的数据刻画，能够进一步提高教育内容数字化的普遍性和系统性，借助数据标注、数据表征等技术，使计算机能够认识、理解和区分海量教育内容在价值导向、思想观点等方面的界定和取向。

表2-3　内容数据标签示例

标签名称	标签主题	一级归类	标签类型
缅怀英烈 网寄哀思	静态属性	内容标题	统计
马克思主义哲学	静态属性	内容细类	算法
思想教育	静态属性	内容类别	算法
网页	静态属性	格式分类	算法
中国MOOC	静态属性	发布平台	算法
×月×日×时×分	静态属性	发布时间	统计
南京大学	静态属性	制作方	统计
15分钟	静态属性	播放/预计浏览时长	统计
博士研究生	静态属性	目标画像	算法
解读讲授型	静态属性	教育方式	算法
……	……	……	……

高校网络思想政治教育方法承接于思想政治教育方法，郑永廷对此进行了详尽细致的研究，总结出思想政治教育方法论体系。其中以马克思主义认识论为指导，按照思想政治教育运行过程构建的横向结构分为认识方法、实践方法和调节评估法。研究过程中，结合高校网络思想政治教育方法特点，进行适当取舍与合并，形成如表2-4的高校网络思想政治教育方法体系。

表2-4　高校网络思想政治教育方法体系

方法分类		方法明细		
认识方法		问卷调查法	网络观察法	数据采集法
实施方法	理论教育法	理论深研法	解读讲授法	宣传科普法
	宣传教育法	权威引导法	典型激励法	案例警示法
	虚拟实践法	交互活动法	谈心交心法	舆情管控法
调节评估法			数据驱动法	

51

对教育方法进行数据刻画，不是只存储方法的名称、内涵、特征等静态属性数据，而是扩展为该方法所适配的教育主体、客体、介体和环体等分级的静态属性数据，综合确定该方法的教育实践特征，形成可调节和可评估的数据结构。

以理论深研法为例，如表2-5所示。理论深研法是指对思想政治教育各内容的理论进行深度研究交流，包括但不限于马克思主义原理、习近平新时代中国特色社会主义思想、心理健康知识等；具体活动形式（即活动载体）包括但不限于专家授课、研讨交流、理论培训等；最适配的教育主体类别是思政课专家名师；最适配的教育客体类别是选择该课程或偏好理论学习的师生；最适配的教育内容从内容分类上包罗万象，从教育方式上则是理论深研型；最适配的教育载体是学生培养计划、教师培训计划、课程管理规定等管理载体和前述活动载体；最适配的宏观环体是党、国家正持续开展的相关主题教育活动；最适配的中观环体是高校网络矩阵等范围内正持续开展的相关教育活动；最适配的微观环体是指师生私人网络圈层中正持续出现的相关教育信息。此外，适配需要区分等级，理论深研型内容也可以使用权威引导法，但不利于对理论细节的详细解剖，容易使教育客体感到强迫灌输。对正在浏览网络娱乐信息的教育客体实施理论深研法，如邀请参与理论研讨和学习，反而会使教育客体产生惊恐心理和被冒犯想法，不利于教育实施。

表 2-5　教育方法数据标签示例

标签名称	标签主题	一级归类	标签类型
理论深研法	静态属性	方法名称	统计
实施方法	静态属性	方法分类	统计

续表

标签名称	标签主题	一级归类	标签类型
系统严密的研究、解释、论述和讨论	静态属性	方法内涵	统计
思政课专家名师	静态属性	适配主体类别 lev1	统计
选择×课程	静态属性	适配客体类别 lev1	统计
理论深研型	静态属性	适配内容分类 lev1	统计
×课程服务协议	静态属性	适配管理载体分类 lev1	统计
专题研讨交流会	静态属性	适配活动载体分类 lev1	规则
主题贴近	静态属性	适配宏观环体 lev1	统计
……	……	……	……

由于表2-5教育方法数据标签示例难以穷举所有标签，为了详细说明教育方法数据刻画类型，以理论深研法为例，在表2-6理论深研法标签分类示例中对每一类数据进行枚举和说明，以期能够直观反映数据刻画形式。主要区分基本属性数据、适配教育主体、客体、内容、载体和环体等类别进行数据刻画，其中基本属性数据主要存储对该方法的名称、内涵、分类、特征、规律等学理性归纳和实践性总结知识，方便对该教育方法的理解、认识和运用。对不同要素的适配度区分4级进行标注，与后续高校网络思想政治教育评价等次予以对应。理论深研法作为师生研究和探讨思想政治教育相关理论的教学方法，最佳的适配主体为思想政治理论课的专家名师和从事思想政治工作的有关领导等，适配客体则是选择了相关网络课程或制定了学习计划的师生，应适配理论深研型的教育内容，制定学习计划、组织探讨交流等载体展开教育，并构设严肃细致的教育情境。

53

表 2-6 理论深研法标签分类示例

标签分类		标签名称			
理论深研法	基本属性数据	名称、内涵、分类、特征、规律			
	适配度	适配 lev1	适配 lev2	适配 lev3	适配 lev4
	适配主体类别	思政课专家名师、有关领导	思政课教师、专业学者、专业编辑	辅导员、其他专业教师、专业学生	其他人员
	适配客体类别	选择×课程、制定×计划	理论高偏好	理论中偏好	理论低偏好
	适配内容类别	理论深研型	讲解讲授型、宣传科普型	典型激励型、案例警示型	权威引导型、虚拟实践型
	适配载体类别 管理载体	×课程规定、×培养方案、×学习计划	高校自建网站及新媒体信息发布管理规定	互联网新闻信息服务管理规定	各类社会公德、伦理规范
	适配载体类别 活动载体	专家课程、研讨交流会、理论培训	专家讲座	红色剧本杀	竞技类游戏
	适配载体类别 文化载体	网络精品思政课和教师评选及展览	网络虚拟博物馆、文化宣传栏	舞台剧、动漫、电影	音乐、舞蹈、绘画、雕塑
	适配载体类别 传媒载体	专题网站、视频、图文、直播	虚拟现实、元宇宙	专题短视频、微电影	娱乐网站、视频、小说、广告
	适配环体类别	主题贴近	主题相关	主题有关	主题无关

高校网络思想政治教育载体主要包括管理载体、活动载体、文化载体和传媒载体，数据刻画主要聚焦于自身属性的基础数据。如表 2-7 高校网络思想政治教育载体分类所示，管理载体数据刻画主要是将与高

校网络思想政治教育相关的政策法规、制度规定、运行机制等转化为数据规则,使算法程序在运行过程中能够时刻监督和比对师生用网行为,对不符合规定的行为超前预警并及时警示。活动载体数据刻画主要区分网络思想政治教育课程、线下教育课程和虚拟实践教育课程,网络思想政治教育课程主要分为远程同步课程和线上录播课程;线下教育课程是指在线下组织的围绕如何用网、管网等指导性教育,以及如何调节因用网产生的心理、情感、思想影响等矫正性教育;活动载体进行数据刻画主要是将活动名称、类型、所用到的数据资源等进行数字化存储和标签标注。文化载体主要对高校网络思想政治教育所开发利用的网络文化活动、博物馆、纪念馆等艺术实体的网络虚拟现实,以及舞台剧、电影等网络化艺术产品的名称、类型、数据源进行数字化存储和标签标注。传媒载体主要对由高校融媒体生产传播的具有思想政治教育意义和价值的思想宣传产品的名称、类型、数据源进行数字化存储和标签标注。

表 2-7　高校网络思想政治教育载体分类

标签分类			标签名称
管理载体			政策法规、制度规定、运行机制
活动载体	网络思想政治教育课程	远程同步课程	线上学术研讨会、远程直播授课、课堂测验、结课考试……
		线上录播课程	MOOC 课程视频、课程回放音视频、多媒体课件、课程讲义及文献、课堂测验、结课考试……
	线下教育课程		教材、教案、课件、访谈提纲、调查问卷……
	虚拟实践教育课程		活动网址、应用软件、用户数据……
文化载体			网络评选展览、虚拟现实、网络艺术产品……
传媒载体			图文、音视频、XML、HTML、电子刊物……

以 MOOC 课程为例,如表 2-8 教育载体数据标签示例所示,教育载体的数据刻画重点对载体的静态属性进行存储描述,包括标题、类

别、平台、模块、功能等数据，反映了 MOOC 平台为教育内容提供的载体支持，对教育主体和客体而言则是教育服务，是决定教育实践质效的重要因素之一。

表 2-8　教育载体数据标签示例

标签名称	标签主题	一级归类	标签类型
活动载体	静态属性	载体类型	统计
MOOC 课程	静态属性	活动载体类型	统计
中国大学 MOOC	静态属性	载体平台	统计
易班	静态属性	载体平台	统计
学习强国	静态属性	载体平台	统计
×网址	静态属性	载体平台链接	统计
×APP	静态属性	载体平台链接	统计
视频	静态属性	载体模块	统计
音频	静态属性	载体模块	统计
讲义	静态属性	载体模块	统计
课件	静态属性	载体模块	统计
交流论坛	静态属性	载体模块	统计
课堂测验	静态属性	载体模块	统计
结课考试	静态属性	载体模块	统计
回看	静态属性	视频载体功能	统计
慢放	静态属性	视频载体功能	统计
错题定位	静态属性	视频载体功能	统计
……	……	……	……

高校网络思想政治教育环体主要分为宏观环体、中观环体和微观环体，是对高校网络思想政治教育活动以及由高校主导的对教育客体的思想教育活动产生影响的网络因素的总和。宏观环体主要指对教育总体活动及高校师生产生影响的环境因素，包括国际国内经济、政治、文化、社会环境和大众网络思想政治教育资源，受到社会经济制度及经济生活

条件、社会政治制度及现实政治状况、社会文化及各种文化活动、思想政治教育学科及网络公开课资源等影响。其中国际国内经济、政治、文化、社会环境关系到师生建立民族认同、国家认同、政治认同，以及本校师生社会群体认同。大众网络思想政治教育资源是师生在网络上能够获得的外部理论学习资源，包括但不限于其他高校的思想政治教育课程、各类思想政治教育论坛、部分思想政治教育媒体发布的信息等。中观环体主要指能够被教育主体直接管理和控制的环境因素，包括高校网络媒体矩阵、网络文化产品和网络思想政治教育环境。高校网络媒体矩阵通常作为发布国家权威信息、高校思想政治教育信息的权威渠道，以及塑造高校人文特征的文化渠道，积极营造正确的理想信念、价值追求、思想品德和教育教学氛围。网络文化产品是高校网络思想政治教育主体可以使用、生产的文化产品，在契合师生求真务实、娱乐放松等精神需求的同时，潜移默化发挥价值输出和教育引导功能。网络思想政治教育环境主要指高校自建平台，如易班、校园网站等，是高校师生获取思想政治教育资源和信息的重要来源。微观环体主要指师生私人的网络信息互动环境和教育实践活动构设的教育情境。私人网络信息互动环境包括师生个人的亲属圈、网络社交圈和现实教育环境（如系、所、教研室组织教师，或辅导员组织学生参与的教育活动）；呈现网上网下联动特点，发挥着基础性、渗透性、普遍性的教育效果。网络社交圈、亲属圈等是师生确定社会意识形态、价值取向和兴趣爱好的重要因素，包括各类社群组织、认知圈层等，社群组织表现为有一定话语权的社会力量，认知圈层主要指具有相同思想理念、兴趣爱好和意见领袖的群体。教育情境则是师生在参与具体的高校网络思想政治教育实践时所感受到的教育场景构建过程中外显和内化的各类因素，如声、光等物理信息以及主客体教育身份和教育关系认定。

对宏观环体的数据刻画，重点是对国内经济、政治、文化、社会大环境的状态描述和师生可利用的思想政治教育资源数据信息进行数据归档后标注数据标签，刻画对高校网络思想政治教育主体、客体等的社会整体认知和把握网络大环境状态。表2-9经济环境数据标签示例以经济环境为例说明数据标签示例方式。经济环境可以区分国际环境和国内环境，经济增长率、失业率、通货膨胀率、贫富差距等按照我国经济学标准体系和实践经验总结的标准进行规则划分并标注数据描述性标签，例如现实GDP负增长超过10%或连续超3年为经济萧条等，衡量通货膨胀情况根据消费价格指数、生产者价格指数、国民生产总值价格折算指数等综合确定。

表2-9 经济环境数据标签示例

标签名称	标签主题	一级归类	标签类型
经济繁荣	静态属性	经济增长率	规则
经济稳定	静态属性	经济增长率	规则
经济萧条	静态属性	经济增长率	规则
全面就业	静态属性	失业率	规则
就业紧张	静态属性	失业率	规则
通货紧缩	静态属性	通货膨胀水平	规则
通货稳定	静态属性	通货膨胀水平	规则
通货膨胀	静态属性	通货膨胀水平	规则
贫富差距极端	静态属性	贫富差距	规则
贫富差距悬殊	静态属性	贫富差距	规则
贫富差距均衡	静态属性	贫富差距	规则
……	……	……	……

宏观环体中其他因素的数据刻画如表2-10教育环体数据标签示例

所示，政治环境、文化环境、社会环境的数据标签由主体凭借对国家宏观局势的专业判断进行标注。思想政治教育资源数量按照教育客体在网络中能够获取的数量统计。渠道则是上述资源的获取方式，如以精准推荐、集中导航、注册获取、付费观看等形式进行统计标注，精准推荐指平台能够针对师生需求和兴趣主动进行资源推送；集中导航则主要以黄页网站、微信公众号资源、网络云盘等资源集中存储和展示途径为主；注册获取指师生需要网络身份注册或获取身份认证后可以免费获取的教育资源；付费观看指师生需要支付经济费用或其他费用，才能够获取学习权限的教育资源。主题则根据教育资源内容主题分类进行统计标注。

对中观环体的数据刻画如表2-10所示，高校网络媒体矩阵区分数量、平台分布、信息活跃度进行数据刻画和标签标注，数量为本校官方开设、管理及影响的官方媒体和自媒体的总数量，平台分布指上述媒体矩阵的具体发布平台，活跃度则指媒体矩阵每日原创信息和转发信息的发布数量。网络文化产品数据刻画同思想政治教育资源类似，区分数量、渠道、主题、形式、教育价值、播放总量和人均播放量进行数据刻画，其中主题和教育价值主要依靠数据驱动的算法智能根据文化产品的官方简介以及豆瓣、B站等网友评论信息和打分信息进行综合确定。播放总量和人均播放量主要用于统计网络文化产品在高校师生群体中的播放人次，以反映流行范围和流行程度。

对微观环体的数据刻画如表2-10所示，亲属圈层主要由教育客体进行主观评价，对各自网络亲属圈对党、国家、社会、本校建设以及对个人学业、职业选择等方面的价值态度进行评价和统计。例如，师生认为某亲属在亲属圈网络空间的信息互动中，表现出积极向上的政治态度和社会态度，对师生个体产生了正向影响，则在利用问卷调查完成数据刻画过程中将该指标项数量增加1。社交圈层主要对教育客体参与的网络社群圈层进行数据刻画，包括社群平台、社群人数、社群管理、日推文数、日互动频次、客体参与度、价值导向等。其中，社群管理主要针对社群中意见领袖、管理员、群规等集中性、制度性约束力量进行数据刻画，以体现该社群的管理正规性。日推文数指社交圈层主导方每日推送的原创性或转发性信息数量。日互动频次则指圈层内用户的参与信息浏览、评论、转发等互动流量。教育客体参与度则主要针对高校某师生在社群中的活动情况，即浏览、点赞、转发、评论信息的总次数。关于社群的价值导向则借助数据驱动的智能算法根据发布信息的主题进行判断和统计，确定其价值方向。现实教育环境则根据师生客体在现实生活中参加教育的数量、频率、主题、授课人信息、教育组织信息等进行数据刻画，主要用来记录和统计师生接受教育实践活动的相关数据。网络教育情境要根据教育主体、客体、介体三要素整体进行构建创设，区分美观效果、情境风格和互动控制三层指标，其中美观效果对教育情境的外化表现进行数据刻画，由教育支持主体根据教育产品外化效果进行主观评价并进行标签标注，对画质是否清晰、音频是否有杂音、画面是否信息冗杂甚至出现与教育不相关的干扰信息等情况进行标签标注。情境风格则主要针对教育场景风格进行主观标签标注，例如开展理论研讨和学术交流时要构建严肃严谨的教学场景，在开展追求参与度的网络教育实践活动时要构建活泼愉悦的社交氛围，必要时还需要构建具有较高仿真度的模拟世界，提高教育教学活动的代入感。互动控制则针对教育主客体在教育情境中完成教育互动，如信息浏览、转发、评论和画面转场等互动操控性能进行标签标注，例如教育客体在浏览网络思想政治教育图文信息过程中，需要完成页面的滑动、翻阅、回看等操作，这种交互操作是否流畅、是否简便都需要详细刻画和描述。

表 2-10 教育环体数据标签示例

环境分类			标签名称				标签类型
宏观环体	政治环境	国家权力	权威	式微	瓦解	灭亡	统计
		政治生态	风清气正	革故鼎新	腐败堕落	黑白颠倒	统计
		核心价值观	深入人心	部分认同	名存实亡	背道而驰	统计
		国际地位	领袖	重要	没落	边缘	统计
		地缘政治	团结	稳定	危机	侵略	统计
	文化环境	节俗传统	传承发扬	因循守旧	毁风败俗	荡然无存	统计
		思想理论	深入人心	部分认同	名存实亡	背道而驰	统计
		民族精神	传承发扬	因循守旧	萎靡颓废	荡然无存	统计
	社会环境	社会公德	高尚	规范	缺失	消失	统计
		社会秩序	安定团结	和谐有序	杂乱少序	混乱无序	统计
		社会法治	法成令修	禁网疏阔	名存实亡	法治瘫痪	统计
	思想政治教育资源	数量	0、10、100……				统计
		渠道	精准推荐	集中导航	注册获取	付费观看	统计
		主题	思想教育、政治教育、道德教育、法治教育、心理教育、综合素质教育				统计
中观环体	高校网络媒体矩阵	数量	0、5、10……				统计
		平台分布	易班、微博、微信、抖音、网站……				统计
		原创信息日发布量	0、5、10……				统计
		转发信息日发布量	0、5、10……				统计
	网络文化产品	数量	0、5、10……				规则
		渠道	精准推荐	集中导航	注册获取	付费观看	统计
		主题	历史、传记、纪实……				算法

续表

环境分类		标签名称				标签类型
中观环体	网络文化产品	形式	图片、小说、电影、歌曲、纪录片……			统计
		教育价值	高	中	低	无	算法
		播放总量	0、10、100……			统计
		观看人数	0、10、100……			统计
	亲属圈层		正向影响1个	中立2个	负向影响1个	负向裹挟1个	统计
微观环体	社交圈层	平台分布	易班、微博、微信、抖音、网站……			统计
		社群管理	意见领袖、管理员、群规……			统计
		日推文数	0、5、10……			统计
		日互动频次	0、10、100……			统计
		客体参与度	0、5、10……			统计
		价值导向	娱乐、正能量、负能量、反动……			算法
	现实教育环境	次数	0、5、10……			统计
		频率	周均1课、月均1课……			统计
		授课主题	理论阐释、政策宣讲、先进事迹、警示教育、网德网纪、网络素养、媒体素养……			统计
		授课人	专家教授、高校领导、辅导员、外请学者……			统计
		参教人数	50、100、1000……			统计
		教育时长	20分钟、60分钟、2个小时……			统计
	网络教育情境	美观效果	画质清晰	音频纯净	信息集中	多源干扰	统计
		情境风格	严肃严谨	模拟真实	活泼愉悦	虚构虚幻	统计
		互动控制	操控简便	响应延迟	操控烦琐	违反惯例	统计

（二）教育实施更加有力

从算盘、计算尺等计算工具，再到机械计算机、电子计算机的发明和应用，人类数据处理能力不断提升，促使数据在人类文明发展过程中发挥越来越重要的作用。随着国家"东数西算"工程的建立,算力插座等功能将为开展高校网络思想政治教育提供实在可用的算力提升前景。这种算力整体跃升,将极大提高高校网络思想政治教育实施的速度、广度和强度。

数据生产加快教育响应速度。数据生产能力的提升无疑加快了教育信息的传导,数据的访问、浏览、传递、下载、处理等速度得到空前提高,数据化运作方式促使高校网络思想政治教育策划、采集、制作、审核、分发、反馈、评估等全流程的信息流转更加快速高效,呈现多元渠道、多种样式的裂变式传播特征,一条微博热搜从开始传播到高速传播只需要几分钟甚至几秒钟,一则视频短片可以借助个人手机、平板电脑、户外大屏、室内展栏窗、智慧屏幕等实现广域传播。对客观数据的高效采集和处理,整体提高了教育信息生产、传播的时效性,实现网络教育信息的高频更新和广域传播,确保了网络教育信息占据更多网络"流量",获得更多"推送"机会,提高对抗敌对势力意识形态渗透、不法分子散布谣言等不良舆论信息对教育客体负面影响的能力,更好发挥教育引导作用。数据驱动的教育反馈更加智能高效,对教育内容的播放量、转发量、评论数等数据能够实时评估教育活动的传播效果,对教育客体的评价数据进行关键词抽取和语义理解,能够实时收集整理教育感受和反馈意见,特别是现阶段短视频、视频直播等信息交互方式,使教育主体和客体之间信息交互的意愿更加强烈、渠道更加便捷、方式更加灵活、氛围更加放松,进一步紧密双方关系,进而促使教育主体有能力在教育进程中掌握客体的思想动态和心理变化,并第一时间进行关键对象选择、重点信息回复、深层问题挖掘,有效帮助高校网络思想政治教育主体尽量摆脱教育自说自话、与教育客体互动浅表等情况。

数据分发拓展教育传播广度。不同于高校网络思想政治教育信息在互联网和高校局域网空间的传统信息传播方式,如客体通过关键词检索需要的教育信息,由辅导员、教师、学生自发在朋友圈等社交圈层中发布和转发教育信息等。数据驱动的教育信息传播彻底改变了这种高度依赖教育主体(部分客体)自觉性、主动性的低效率方式,提供了热度吸引、智能推送等服务,使教育信息更加广泛触达客体,也更加容易被客体接纳。例如,百度、微博"热搜榜"等在广域空间吸引全网用户的浏览兴趣,大幅拓展了信息传播范围,吸引大众网民主动浏览和参与讨论,再根据信息热度、客体喜好和教育需要进行主动推荐式投送,促使相关信息突破圈层限制,扩宽整体传播范围,增强教育信息的影响力。传统高校网络思想政治教育视野相对局限,主要集中于主体能够通过网络观察到的范围,即教育信息能够在高校师生中传递的范围和师生在校园学习、工作和生活中被记录的碎片化信息。而数据驱动的主客体信息搜集能力能够覆盖师生用网过程中的全部痕迹数据,并通过数据比对、趋势预测等及时发掘客体思想倾向性问题,为线上线下开展干预引导提供可靠依据,再据此"量身定做"教育信息,使原本面对全校师生的网络教育信息实现了对重点客体个人或群体的针对性干预引导。除了空间上的广度,数据驱动的教育活动在时间维度上,能够积累并记忆长时段的个人信息和教育信息,为教育主体提供更加系统全面的参考体系,通过掌握个体思想演化和发展过程,更客观地认识教育客体实际情况,深刻总结客体思想演变规律,避免出现戴着有色眼镜看人,或因为曾经的问题否定师生未来发展可能等以偏概全的情况。

数据运营提高教育影响强度。网络教育环境下,网络无差别信息的快速迭代给主流价值引导带来了很大冲击,需要时刻维护话语权威。而数据化运作能够实现多内容高频率的信息投送,有效控制不良信息的传播流量,占领网络信息阵地,保障主流价值内容首先映入眼帘、占据首要位置、赢得受众首肯。适网生存普及率较高的高校师生，在相对更加自由、开放、求新、求真的工作和生活状态影响下，其用网时间在全天中占比不断攀升，而能够满足师生功能性和娱乐性需求的网络信息更容易受到青睐，目前各大商业平台中普遍提供的个性化信息推荐服务，更加紧缚了师生信息茧房，强化了对娱乐性和功能性网络信息的沉迷，无疑加剧了网络教育信息的边缘化和圈层化。依托数据运营驱动教育信息全流程传播链条更新，"产品"层实现多渠道同步播发的矩阵式传播、多视角配合述评的合作式传播、高价值适配的破圈式传播，"用户"层实现全时空持续接收教育信息、多场景深度体悟教育信息、高权限自由选择教育信息、深交互自发传播教育信息、低成本便捷反馈教育信息，使数据驱动的网络媒介教育信息实现富有传播力、穿透力、感染力、引导力和互动性的新项目、新产品，在此基础上进一步驱动视频直播、沉浸游戏、自媒体等新教育形式和区块链、元宇宙、生成式AI等新技术手段深度融合，使教育信息在全网提高声量、增强分贝，实现对高校师生主流价值引领、网络舆论引导、思想心理调控、实践行为指导、现实需求反馈等教育功能整体跃升。

（三）教育效果更加凸显

随着大数据技术发展，人工智能也迎来了新的发展高度，这里的智能类似于克劳德·香农（Claude Shannon）的机械鼠"忒休斯"，可以归纳为一种数据建模过程，即向某种算法模型持续输入数据，将计算结果反馈到算法模型本身，促使算法模型不断根据既定目标调整参数，使算法模型获得一种"学习"能力，能够对新的数据自动做出判断和动作，表现出智能属性和智慧能力。这种由数据驱动的智能化，对高校网络思想政治教育而言，将带来教育效果的进一步提升。

智能识别客体需求创新精准化教育供给。当前，数据驱动的智能应用最为普遍的领域是根据用户短期兴趣和长期爱好等，向用户推荐其可能喜欢的内容或感兴趣的广告等，即个性化精准推荐。这种主动式、推荐式的信息投送方式能够有效提高高校网络思想政治教育信息供给的主动性和精准性。传统网络思想政治教育内容通常以高校自建的门户网站等方式传播，除非进行人为的转发、推荐等，否则本身没有传播的方向性，需要依靠教育客体搜索、寻找、发现和关注。而数据驱动的精准教育供给则使得信息投送既主动又精准。教育内容一旦被生产并发布于网络上，就被赋予了特定的数据标签，当教育客体登录网络，就会被采集和分析数据，进而发现尚未完成的教育任务，预测和感知思想与心理的矛盾问题，进而在教育客体网络浏览、娱乐等活动间隙，精准投送教育内容。精准教育供给是大数据时代确保教育信息不会淹没在数据洪流和泛娱乐化思潮中的重要保证，既满足师生用网过程中追求自由表达和情感释放的个性化需求，又发挥了教育"润物细无声""千人千面"的引导效果，有效发挥高校网络思想政治教育的隐性教育作用。此外，精准教育供给在提高理论灌输等显性教育效果时同样作用较大，根据客体在网用网状态发挥智能教育"闹钟"功能，适时采取合适方式提醒客体完成学习任务，为客体智能适配不同格式、主题的教育内容。对教育主体而言，能够摆脱网络授课仍受制于现实年级、班级、专业等行政组织限制，能够依据客体认识层次、观点倾向、兴趣特点等进行课程分班，使个性教育与共性教育更好融合。

智能协调形式内容创作体系化教育内容。随着非官方教育主体广泛参与网络空间的教育实践，迫使高校网络思想政治教育内容自觉由"理论灌输"转向"说理阐释"，带动高校网络思想政治教育对师生行为规范和行动向度的关注度回归，这种结构性张力为数据驱动教育内容发展提供了突破口和着力点。高校网络思想政治教育内容在确保核心价值主导性和时代性基础上，其外延呈现出讲道理和讲故事相结合、碎片化与综合性相结合、正向示范和反向警示相结合的特征，需要教育主体在生产和传播教育内容过程中，利用数据驱动的自动化、智能化优势，客观准确地发掘教育客体的兴趣偏好和关注焦点，以及教育活动与教育目标的偏差和错位，提高教育内容的有效性。此外，教育主体还需要借助数据厘清教育内容之间的协调和整合关系。要处理好教育内容的主次关系，既不能发生主导性内容、基础性内容或通识性内容的缺失，更不能出现重通识性教育内容，轻主导性和基础性教育内容的本末倒置行为。同时，还需要宏观把握各类教育内容的结构关系，确保各司其职、互为补充，构成相对完善的高校网络思想政治教育内容结构体系。要处理好教育内容的协同关系。在教育实践中，往往不同教育内容会同时出现，并形成相互补缺、印证的关联关系，而传统生产审核依赖于教育主体的个人经验和能力素质，加大了人力资源培养的时间和机会成本，在当下快节奏的网络信息传播体制下，利用数据驱动实现教育内容识别、评估的自动化和智能化很有必要，也大有可为。

智能指导管理控制创立智慧化教育管理。教育管理是教育主体在教育发展过程中运用相关的管理理念、管理手段和管理方式，对教育资源（包括人、财、物、时间、空间、信息）进行合理配置，使之有效运转，实现组织目标的协调活动过程[①]。这一概念同样适用高校网络思想政治教育管理。数据驱动的主导和洞见作用能够有效提高教育决策科学性、教育服务精准性、教育评估准确性。教育决策有赖于对现实状态的准确把握，在此基础上做出科学决策，例如教育资源配置、教育方案制定、教育过程控制等。大数据描述功能可以实现对教育全方位的精确把握，大数据预测功能实现了对教育情况的提前感知、提前介入和提前干

---

① 郑立海. 大数据时代的教育管理模式变革刍议 [J]. 中国电化教育，2015 (07)：32.

预,而大数据决策功能实现了对复杂系统的科学控制,从而实现科学决策。借助客观的教育数据能够有效发挥数据驱动的教育评估从协作向主导的高层次发展。教育评估需要对教育主体综合能力、教育活动运行参数、教育客体实践表现分别进行长时间多角度精准评估,以期高度还原教育过程,利用数据关系进行综合性评价,以达到准确高效评估的目的,并最终实现数据洞见与人的智慧协同创新,提高教育评估的科学性和准确性。此外,数据驱动所蕴含的用户思维,促使教育管理者更加关注教育客体的中心地位,使教育管理改善对客体的行为"约束"和观念"填鸭",更加提倡注重服务性和引导性,要求教育管理通过建立教育管理模型,依据客体的真实数据设计开发更具针对性和精准性的教育方法,促成教育客体在价值认同、情感接受的基础上,获得最喜爱最有效的教育方法,消除抵触情绪和反抗思想。

三、大数据时代高校网络思想政治教育存在的主要问题

深入分析探讨数据驱动带来的发展机遇,为大数据时代高校网络思想政治教育创新发展提供了目标指引和基本蓝图,据此审视大数据视域下高校网络思想政治教育现实工作在教育理念、教育主体、教育方法和教育评价等方面与新思维贯入、新技术接入、新人才汇入等存在的矛盾问题和实践困境。

(一)教育理念对数据体现不够充分

高校网络思想政治教育对于师生价值取向、理想信念、道德观念、学习工作态度等的培养具有不可替代的特殊属性和重要地位,作为一个覆盖广、范围大、时效长的系统性工作,受制于网络空间各类因素错综复杂难以有效控制的普遍情况,往往牵一发而动全身。因此,面对大数据时代的数据理性思维创新,要求教育主体从高校网络思想政治教育工

作现实出发，找准自身思维理念存在的差距与不足，从而在教育理念优化过程中推动教育实践数据化转型，并带动教育客体数据素养提升。

整体性思维不足。高校网络思想政治教育仍然受讲授和灌输的传统思想影响，没有深度实践探索大数据技术对全网整体性布局、全程全局性调控、全员全维度关照的可能性与可行性。教育主体分布于不同教育模式的组织结构中，以行政关系为依据切割组织、界定权力、分配资源，以宣传思想工作为例，更多关注于本平台、本账号的信息播放量、转发量、点赞数等数据，较少关注客体在其他平台、账号中的浏览行为数据，也不关注客体在网络空间完成思想政治理论课程情况，导致每个宣传教育机构都站在单一教育视角制作和分发教育内容，缺少对教育客体的整体性把握，导致"烹饪"出相似相近的"大锅饭"。教育机构普遍缺乏综合运用数据技术的理念和能力，难以全面了解客体、全面整合资源、全面把控进程，与师生在网络化生活中所掌握的网络信息相比极易出现信息式微的被动局面，导致教育灌输难以满足师生需求，出现说服不了、辩驳不过、覆盖不全等情况。表面上是由于各教育主体目前所掌握的数据资源和数据技术仍然存在差距，但本质上是缺少利用数据技术提高对教育全局全维认识了解、分析判断、调整控制的思维意识，对现有海量数据资源的采集、存储、清洗、开发和利用重视不够、探索不多，亟待抓住难得机遇迎头赶上。

开放性思维不够。从数据视域分析，高校网络思想政治教育仍然存在相对保守的封闭性问题，主要表现在将传统教育活动简单复制到网络空间的普遍现实，尚没有形成"网生网长"开放灵活的教育理念。高校在网络空间信息传播范式影响下，不断尝试丰富教育内容和形式，期望拥有更多网络流量，但就目前而言仍然以图文形式为主，音频类、（短）视频类、动画类以及人机交互等形式虽然也产出了很多爆款内容，但持续高品质产出能力较网络自媒体而言相对不足，且部分内容没有把握住新兴传播模式内核，存在貌合而神离、形聚而神散的情况。MOOC等平台的网络课程体系完备、内容新颖、短小精悍、表达干练，但相对缺少网络化表达，没有完全摆脱按部就班说教式的理论灌输，缺少打破常规束缚、以客体为中心的教育叙事表达，需要进一步探索建立更加开放的师生授课关系，主动适应客体在网络空间享有的高度选择权，以客体兴趣为核心价值拉近双方距离，建立以情感信任为基础的教育关系。在此基础上，高校网络思想政治教育仍需探索个性化推荐技术在教育信息投送和互动交流上的应用，特别是如何在商业化网络平台中突破泛娱乐化、经济效益化的信息围堵，在更加平等、开放的泛在圈层中，建立直达师生的教育引导和信息互动途径，顺应师生对数据时代网络信息的高开放性和高互动性需求，促使教育行为转变成师生在情感沟通、信息交换、观点谈论等开放式交互行为过程中彻底的理论说服人的过程。

动态性思维不多。网络空间信息流转速度持续加快，网络流量的不确定性也促使网络空间观点热度瞬息万变，从"众人拾柴"到"釜底抽薪"，顷刻间即可完成一边倒的风向转变。对高校网络思想政治教育而言，对热点敏感话题追踪慢半拍，对客体思想疑惑回应空半拍，对灰色舆论倾向反制弱半拍，对低俗恶俗信息管控虚半拍，都将直接导致"非主流"迭代式、垒叠式侵蚀人心，致使教育引导成本成倍增加。就目前而言，面对师生在网络空间享有的信息高度自由选择权，高校网络思想政治教育仍处于主观经验式判断决策、阶段终结性评判总结阶段，对数据的理解还停留在信息流量的片面认知层面，缺乏对教育活动实时动态变化的传播互动数据进行挖掘利用，缺乏对教育客体情绪波动、观念转变在数据流量中直接反映的规律进行观察总结，缺乏对教育客体在参与教育活动前后的行为表现和思想动向数据进行捕捉、分析和评判，端坐在代表着先进科学理论和主流价值观念的正位之上，沉迷于"指导""要求"等不切实际的地位幻想，寄希望于发布的教育信息理应被客体自愿学习、自觉传播、自发认同，缺乏将自己完全置于网络空间动态平等的信息"市场"中接受客体自主选择、评价和互动的大胆创新，其本质就是传统教育理念所形成的"正襟危坐"形象与网络空间要求所有人积极"下场"参与流量追逐、观点批驳、客体"拉拢"等动态竞争之间的矛盾所致，使有限的高校网络思想政治教育主体，在面对几乎无限存在的其他思想价值话语主体共同形成的对教育客体无缝连接的情绪渲染、意见强化、观点复合的行为时，呈现出应接不暇、断续拆招的回应窘迫。

（二）教育主体对数据掌握不够深入

教育主体作为高校网络思想政治教育的主导力量，无论是管理主体、支持主体，还是实施主体和自我教育主体，都必须具备数据意识和数据思维，掌握数据知识和数据技能，才能推动教育优化顺利开展和有效落地。但就目前而言，相较于商业领域的成熟发展，高校网络思想政治教育主体对数据的掌握仍然不够深入，有待在分析梳理现实差距不足的基础上，针对性开展能力素质优化。

数据意识有待增强培养熏陶。数据已经成为高校网络思想政治教育实现整体创新的基本环节，而数据意识作为教育主体数据素养的基本要求，必须完成集体"数据扫盲"，并在思想意识层面突破传统经验思维的限制和束缚，在工作生活中积极观察数据、主动了解数据和尝试应用数据。以"学习强国""易班"为代表的自建平台，具备较强的数据开发利用能力，部分接入了个性化推送等智能应用，并通过签订应用服务协议等方式，使用户知悉数据采集范围、应用用途等。相对而言，微信公众号、抖音号等形式的教育主体缺乏对相对局限数据资源的挖掘开发意识，例如微信公众号虽然只能提供客体账号信息、访问信息、评论信息等平面化、片面化资源，但其中仍有可能蕴藏着尚待挖掘的教育价值。此外，教育主体普遍缺乏数据共享意识，这也导致教育管理受数据壁垒限制较大，间接造成利用"独家"数据开发的辅助决策功能，仍无法完全超越以经验主观判断为主导的传统管理决策机制优势。而管理主体数据意识缺乏，也直接影响了高校网络思想政治教育数据化改造革新的谋划和发展进程，不利于技术人才融入教育团队的组织机构改革，也不利于教育主体向技术力量开放权力和资源。对自我教育主体而言，数据意识又归入了自主教育范围，陷入依靠教育客体主动开展教育引导但却力量不足的循环之中，因此，寄希望于自我教育主体在网络生活身体力行中，自发开展系统性数据意识自我培养，缺乏现实支持条件。

数据知识有待加强系统学习。数据知识是数据素养的基础，是教育主体提高数据能力的前提，大数据时代高校网络思想政治教育优化的现实诉求，要求教育主体团队和个人建立完善的数据知识体系。就目前而言，教育主体和客体对大数据的理论认知和应用能力仍处于较低层次，现实中也缺乏系统完善的教育教学体系和实践保障机制，除了部分大数据相关专业技术人员接受过院校系统培养外，大多数主体主要依靠网络新闻资讯、案例教学短视频等较为被动的信息渠道建立对数据的基本认知常识，在业余生活中倾向于从 B 站、CSCN 等互联网非官方网站获取信息资源以支持个人自学提高，能够主动完成 MOOC 等正规渠道提供的系统课程教育的占比仍较少，整体呈现资源碎片化、时间随机化、学习案例化特征，缺少建立系统科学数据知识体系的教育力量保障。就主体力量建设和运用实际看，电子科技大学等部分高校依托本校在大数据技术相关领域的软硬件基础，创新探索基于师生数据辅助思想政治教育、行政管理、学习评价、人际关系评估、贫困生资助等保障工作，同时也参与全国网络宣传产品评价工作，但直接驱动教育优化的实践成果还较少。教育实施主体普遍缺乏数据技术支持，缺少数据采集、运用和管理的设备、技术和人力条件，管理主体也缺乏指导知识学习和技术应用开发的意识和能力，导致教育主体学习意识和热情处于较低水平，难以自发形成有效的学习习惯和学习机制，有待后续系统设计布局。

数据技能有待完善配套机制。随着数据技术的不断普及和推广，数据技能成为教育主体开展教育实践活动的必备通用技能，只有每一名主体都需要利用数据促进能力提升，教育活动参与各方才能实现跨界拓展，冲破传统教育实践的边界。而数据技能的精通掌握并不是一蹴而就的，需要长时间积累和系统培训。目前各个教育主体大多独立作业，缺乏统一部署运行的数据库、数据平台作为支撑和保障。同时，海量数据的采集、存储和传输等矛盾问题也不同程度存在，导致实施主体与支持主体的协调配合仍处于技术外包、不定期咨询等低层次阶段。在这种缺少完善高效合作机制的情况下，主体锻炼精进数据技能的各类保障条件建设势必落后于实践要求。对高校网络思想政治教育的基层实施主体（包括自我教育主体）而言，小团队、低成本的组织结构和高负荷、快节奏的工作压力是制约其整体数据技能水平提升的主要矛盾，期待通过更高层级的系统化布局带来智能化集约化数据服务，如与教育教学团队共用技术力量，或与其他高校和当地网络媒体等联合构建配套设施，甚至可以积极寻求商业化媒体力量整体入场，提供嵌入式、支撑式数据服务和信息服务。管理主体要重点负责经费资源的规划与协调，充足的政策支持和资源保障是加快数据技能自主研究开发的主要条件，也是引入专业人才和团队的重要前提，这些都是构成完善配套机制的必备硬件条件。

（三）教育方法对数据利用不够有力

随着大数据、云计算、人工智能等技术的介入，离不开网络生活的广大高校师生对教育方法的要求与期待也随之提高。泛在意识形态的激烈争夺和社会思潮的干预影响，使得师生不再满足于传统网络思想政治教育方法带来的新鲜感，而是更加具有怀疑精神和批判精神，这无不要求高校网络思想政治教育深度思考在数据化条件下现行教育方法的缺失与不足。

教育认识欠缺行为到思想的数据映射。教育认识方法是开展教育的前提条件，要求教育主体事先了解掌握教育目标基本要求、教育客体思想特点和教育环境基本情况等，在深入分析的基础上做出科学有效的教育决策。对高校网络思想政治教育而言，主体与客体围绕网络空间开展教育实践活动，所有言语行为都将留下数据痕迹，组合成开展教育创新的底层数据资源。但目前的数据采集与分析大多建立在对基础数据进行经验式判断和主观性决策层次，以问卷调查、网络访谈、数据对比等方式为主，缺少采集客体教育数据以映射客体思想动向的方法实践，还难以做到绝对"无感"采集和"真实"映射，教育认识的效果好坏很大程度上依赖于师生是否愿意坦诚表达，或者问卷设计能否科学反映师生真实意愿。这种宏观教育认识方法，能够有效预测相对大范围的教育情况，但精确到客体个人，就无法逐一为教育参与者构建"用户画像"来反映其真实思想心理状况。例如单纯从订阅数、播放量、课后习题及考试分数来分析一门思想政治教育 MOOC 课程的教育情况，虽然能够基本掌握该课程的传播热度、考试难度和教育效果，但无从分析教育客体在学习中是否存在反复刷题、机械背诵甚至抄袭等情况，更无从了解掌握客体在工作生活实践中的行为表现，致使浅表化数据分析结果与教育活动实际效果差别巨大，无法实现利用数据准确映射教育客体的内心世界。

教育实施欠缺泛在到精准的数据指引。高校网络思想政治教育的具体方法，如理论深研、解读讲授、宣传科普、权威引导、典型激励、案例警示、交互活动、谈心交心、舆情管控等在实践中发挥了重要的教育作用。但在数据化条件下，整体表现出传播推广和主题内容泛化等问题。通过高校网络宣传教育信息和网络云课堂教育信息等开展的教育引导，在面对娱乐化网络流量逻辑的现实冲击下，传统广播式、圈层式的传播推广难以达到预期效果，过分依赖标题、首页等形式要素抓取客体眼球，精制的主题、内容等内核要素也仅限于持续满足常用教育客体需求，缺少通过精准设计和精准推广拓展用户圈层、发掘新客体新需求的教育活力。特别是当前短视频、直播等信息传播方式盛行，客体根据兴趣爱好主动搜索寻找信息的时代，又再次转向回归到客体被动接受信息推送的时代，超高数量的教育信息资源和极低代价的选择权，促使教育客体在快速浏览信息过程中，可以凭借是否符合个体感官兴趣、价值观念等决定对教育内容的浏览时长和关注、转发、评论等互动行为。与之对比，高校网络思想政治教育仍难以满足个性化、精确化推荐服务对教育内容总体数量、主题种类等方面的要求，客体在接收教育信息的同时，第一时间自由表达疑问、观点的意愿也相对不足，与教育主体或其他客体进行针对性、专业性信息互动的期待较低，其主要问题在于主体受限于人力限制和技术限制，难以做到精准反馈和实时互动。

教育研究欠缺现实到模拟的数据计算。教育研究是推动思想政治教育创新发展不可或缺的重要方法，特别是对高校网络思想政治教育而言，教育实践发生在网络空间，不但要面对以高校师生群体为主的教育客体，还要面对由广大网友组成的教育环境因素，教育活动的影响范围和作用效果更加深远且不可控制，因此对教育研究和试验验证提出更加严谨细致的要求，以确保教育实验研究的可信度和稳定性。在数据化条件下，计算教育学的逐步兴起为教育研究提供了新的研究范式和科学手段，可以通过教育数据的统计处理和计算模拟展开研究，提高对教育本质和规律的可验证性和可重复性探索实验。此外，数字孪生技术是数据化带来的另一个重要技术趋势，能够将高校网络思想政治教育全要素刻画到完整的数字空间，促使数字空间完全模拟现实空间的信息流转关系、客体响应反馈等，无限复制、重置和调整的数据化特性，促使主体能够在数字空间中进行符合伦理约束条件下的无差别模拟，经过多次对照实验完成新理念、新方法、新机制的尝试、调整和完善，经过反复验证后的方案和经验一经决策审批，就可以无障碍地被移植到现实空间的网络教育实践中，高契合度的实验模拟将大大降低教育实验研究在教育实践中的试错成本，既保证了实验效率又确保了实验效果。

（四）教育评价对数据分析不够全面

高校网络思想政治教育评价在移植传统评价体系和谋求体系重构过程中，十分注重对网络场域特点的关照以及对传统优势的借鉴，目前这方面的实证研究较少，参照关于网络思想政治教育评价体系研究的学术成果，以及具有网络思想政治教育评价意蕴的媒体评价成果可以看出，教育评价对网络教育活动的数据分析尚有较大提升空间。

评价主体对数据的应用能力尚显不足。网络思想政治教育评价主体是指有目的、有意识地从事网络思想政治教育评价活动的现实的人及社会集合[①]。认识层面，目前仍缺少指导性强的理论研究，对如何发挥数据技术优势驱动评价体系优化缺少规律性认识和宏观指导，仍然处于质性描述评价指标、简单复制修改传统评价流程和方法的阶段。实践层面，探索相对较少，评价模型和评价机制设计尚未形成被教育主客体普

---

① 王茂胜. 思想政治教育评价论 [M]. 北京：中国社会科学出版社，2006：84.

遍认可的研究成果，目前相关成果还主要针对高校自建网络平台、网络账号进行局部评价，且缺少数据思维的内化与应用，尚不具备数据评价的完整样态。在力量建设方面，缺乏对数据资源、技术资源和人力资源的有效整合，尚没有建立起第三方专业评价机构市场，目前评价主体对评价成本、风险控制的意识和能力都显不够，仍待相关评价主体立足网络现实开拓新研究新探索。

评价客体对数据的渗透范围尚显不广。网络思想政治教育评价客体是与评价主体相对存在的概念，指的是进入评价主体视野的一种价值关系及其运动和结果①。当前，网络思想政治教育评价客体大多指向教育主体、介体和环体，例如由中央网信办主办的"中国正能量'五个一百'网络精品评选"，主要就网络正能量建设者、文字、图片、动漫音视频作品和专题活动的宣传数据展开评价，缺少对教育主体（评价事实客体）的自身属性和工作绩效以及教育客体（评价效果客体）的心理状态和行为表现等进行数据分析与评价。这种评价几乎都采取了流量传播数据、专家主观评价和教育客体票选等方式，虽然实现了量化与质性评价相结合，但从数据驱动教育评价视角分析，这种评价方法仍没有建立起系统性评价客体体系，对相关数据的开发和利用也尚显初步。

评价指标对数据的采集挖掘尚显不深。网络思想政治教育评价指标在数据量化思想的影响下，成为客观事实数据和便于赋分因素的集合，倾向于对评价客体进行显性数据的描述和总结，而忽略了对隐性数据的采集和挖掘。在教育实践活动中，表达个人主观感受的个性评价和描述教育主体行为的效果评价，没有被纳入质性评价指标体系中。例如，对网络思想政治教育课程的评价关注于播放量、点赞数、观看时长等显性数据，没有充分挖掘视频复看率、回看率，以及观看者脑波和眼动等隐

---

① 王茂胜.思想政治教育评价论［M］.北京：中国社会科学出版社，2006：78.

性数据；对网络实践活动的评价关注于组织了多少项活动、多少人同时在线，而缺乏对线上线下广泛相关者评价信息的收集；对教育管理主体的评价关注于领导体制、工作机制、保障措施和人才队伍建设等，对管理措施效果、管理责任落实等方面少有相应评价。

评价方法对数据的统筹利用尚显不够。网络思想政治教育评价主要采取总结评价法，即对教育数据进行阶段性的总结和分析，对于难以直接量化的方面，通常通过专家听汇报、做访谈、查阅档案资料以及组织问卷调查、投票等方法进行主观赋分。从质性评价的客观公正而言，多评价主体负责的赋分数据难以做到绝对真实且标准统一，难以充分发挥质性评价从整体上把握教育水平、从宏观上诠释教育状况、深入再现教育特点的优势。其次，数据驱动的教育评价应更加注重过程评价、增值评价和综合评价等形式，突出长期深入的对比研究和实证研究，促使实时采集更新的数据能够反映教育实践全过程的状态，进而促进数据驱动的教育评价积累更大规模更全维度的数据资源，以便加强相关关系和教育规律挖掘。

评价结果对数据的运用开发尚显不力。网络思想政治教育评价结果大多用于评比排名或选拔选优，例如对网络课程的热度考评、对媒体账号的流量排名，虽然起到了一定的激励作用，但也容易误导教育主体为了获得更多关注度，而主动采取降低测验难度、减轻课后作业数量、过分迎合受众娱乐性偏好等情况，具有比较明显的功利性特征和管理绩效倾向。倾向于总结性事实状态的评价结果，缺少利用数据驱动技术提高对教育活动作用机理、运行过程等细节的反映水平，需要依靠专业人员对结果进行更加深入的解读分析，才能发挥调控指导功能。不能掌握全局数据的评价结果，只能客观描述教育活动的"可能"状态，无法确保对"实然"状态的真实刻画，也就无法准确评判教育活动是否达到教育主体期望和教育目标，无法实现评价结果对教育活动发展趋势的准确预测，无法为教育决策提供科学客观的辅助信息。

四、本章小结

所谓数据驱动的高校网络思想政治教育优化，实际上就是指应用数据思维理念并利用大数据技术开展网络思想政治教育的一种新的教育实践形态。其中，网络是重要空间载体和实践场域，思想是主要抓手，政治是根本指向，教育是具体手段，数据则是新的时代条件下的重要驱动力。其实质就是围绕数据驱动这种全新教育实践驱动形态对教育全程进行思考，整体关照数据驱动为高校网络思想政治教育带来的理论更新和实践创新结合点，形成以铸魂育人、立德树人、为党育人、为国育才为核心导向，以大数据技术为根本驱动力的高校网络思想政治教育的新形态。具体而言，需要重点把握以下几点：第一，数据驱动带来高校网络思想政治教育的思维理念优化。大数据时代，人类认识世界、改造世界的思维理念发生了重大变化，超越了经验式的感性认识，突破了人类思维逻辑边界，打破了原有思想惯性，尝试从海量非线性数据中探寻关联规则和潜在规律，从全新的视角解释"为什么"、指导"怎么做"，在数据思维理念影响下，数据驱动的作用也将更加有效得到发挥。第二，数据驱动带来高校网络思想政治教育的主体力量优化。教育主体始终在网络思想政治教育活动中占据主导地位，是保证教育效果的关键因素之一，需要积极探索主体力量的标准，进一步明确主体力量建设的目标指向，针对性构建切实可行的工作途径，助力高校网络思想政治教育落地生效。第三，数据驱动带来高校网络思想政治教育的方法手段优化。大数据正在改变着人们的生产生活方式，在数字经济、媒体传播等多领域展现出颠覆性的创造力，对高校网络思想政治教育而言，如何将其巧妙地应用到实践中显得尤为重要。特别是面对当前网络空间纷繁复杂的信息传播现状，要求利用数据驱动的积极因素创新方法手段，实现对教育客体的精准引导，加强对教育介体的管理和控制。第四，数据驱动带来高校网络思想政治教育的评价优化。考评机制是对网络思想政治教育实践效果的总结和反馈，能够总结经验、发现问题，指导下步实践活动提高科学性，确保教育始终保持向上向好的发展趋势。数据驱动的技术优势保证了数据采集的范围和数量，构建数据映射教育效果、客体思想状态等路径，提高了教育评价的客观性和科学性。

第三章　数据驱动的高校网络思想政治教育理念优化

高校网络思想政治教育思维理念的优化就是随着时代发展、技术更迭实现因时而进、因事而化、因势而新，并对教育过程中不符合时代条件、不适应技术要求的部分主动扬弃的过程。大数据时代条件下，数据技术带来的空前生产力尚未完全显现，但直接推动了科学研究向第四范式演进，孵化了人工智能走向数据"喂养"的机器学习算法新局面，也催发多行业改变了传统分析决策方式，升级为让数据发声、用数据驱动的运营模式和治理模式。高校网络思想政治教育主体在网、客体在网、活动在网，大量教育实践参与网络流量竞争，与融媒体数智融合发展态势同场竞技。面对新机遇、新挑战，着眼数据驱动的高校网络思想政治教育理念优化成为契合当前发展现状和未来发展趋势的关键所在，要求深刻理解理念优化对教育实践转型的核心关键作用，思想先行，理念先导，着眼高校网络思想政治教育特点总结吸纳数据化思维理念，与教育实践深度结合，与时俱进促进教育理念全面升级。

一、理念优化是促进教育转型的前提条件

"科学的教育理念是一种'远见卓识'，它能正确地反映教育的本

质和时代特征,科学地指明前进方向"①。作为对教育现象细致观察、教育规律深刻总结、教育原则高度凝练的思维活动,教育理念对明确教育目标指向、发展方向、价值导向起着指导性作用。

(一)教育理念是教育本质的反映

教育理念是教育主体在思维和实践活动的循环中,形成的对教育实然的感性认识,并以此提出对教育应然的知性要求,在对二者的超越认识中,形成对教育本然的理性认识,从而在符合教育主体根本利益和核心需求的基础上不断发展,最终形成对教育本质和规律的真实反映。

教育实然的感性认识。"从知识的角度看,实然是指人们利用感觉器官通过观察和实验的手段所获取的感性材料和经验事实"②,这符合教育理念生成路径和原则。从"教"之初开始,教什么、怎么教、教到什么程度,一直源自人们在体悟和践行物质生活过程中,形成的一种经验性、总结性认知,反映为教育主体对教育的目的、方法、路径等的个体选择。因此,教育的实然性是指教育活动的实际情况和现象,在教育实践中表现出具体性、客观性和可感性。其中教育目的是教育活动的根本目标,是教育主体实施教育所想要达到的最终效果在客体思想行为上的内化状态和外化效果,也是客体在参与教育活动时对自身发展变化的期望和预期。教育内容和方法则反映了教育主体对教育理念的反馈实践,并在教育全过程中不断调整变化。这种教育主体的个体选择随着信息交换过程不断深入,形成一种更具有普遍性和指导意义的认识观点,愈发深刻地揭示教育活动的本质特征和基本规律,进而转化成为教育理念被人所接受、传播,并指导着教育实践。教育实然性也是教育理念实践的验证和升华。教育理念自产生之日起就不断接受理论探讨和实践检

---

① 王冀生. 现代大学的教育理念 [J]. 辽宁高等教育研究,1999(01):31.
② 王春梅,李世平. 实然、应然、本然 [J]. 人文杂志,2007(03):17.

验，并通过教育实践活动的实际效果验证其可行性和科学性，在实践—认识—再实践—再认识的过程中，不断促进教育理念升华完善。但这种对教育实然的感性认识在发挥教育理念作用的同时，也局限于主观视野和能力的不确定性，从整体观察呈现出对教育理念相对零散视角的可能性总结，共同构成建立教育理念大厦的物质性保障。

教育应然的知性认识。应然是人们通过思维活动规范所获取的感性材料并给感性材料一个具体的框架和规范形式，进而共同构成的知识。将不同主体的感性认识统合分析归纳，提炼核心观点、发现通识规律，在相对普遍共识和规范的理论框架下，进一步进行理论化改造，成为深嵌理论框架中的支撑关节。这是一种知识性归纳和表达的过程，是教育主体在理论体系的指导下，对教育实践本质的探索和规制，是对教育实然的物质性保障因素进行取精雕琢。按照对教育规律的理解和把握，有次序有针对地聚垒成教育理念应然之大厦的思维历程，最终形成的具有知识性认知属性的教育理念，发挥着对教育实践目标期许和效果预期作用。对教育应然的知性认识，能够在教育策划和准备阶段指导教育主体超越性认识教育活动，指导教育内容、方法的选择以及其他因素的构设，使教育主体在教育实践过程中时刻把握价值导向，确保教育进程不偏航，同时对教育本质规律的理论认识，又促使教育主体既能把握宏观战略和骨干条件，又能紧盯关键环节和核心细节，确保教育实践活动的规范有序和协调高效。教育实践过程中主体与客体之间、主体与教育过程、主体与教育结果之间的耦合关联和相互作用，又促使主体形成对教育实然的感性认识，启发其在理论框架内进行反思、提炼和升华。作为具有较强自我能动力量的教育主体，在工作学习和教育实践中对教育应然所依托的理论框架进行认识和思考，驱使教育应然性不断调整变化，特别是在思想政治教育学界，这种基于理论框架进行应然反思的学术成果硕果累累，与高校网络思想政治教育参与者（包括教育客体在内）的实践所得综合推动着对教育普遍性、必然性知识归纳的演化。

教育本然的理性认识。知识的本然表明人们能够超越自身并认识和把握无条件的、绝对的知识，即可以认识本体①。教育理念的本然就是对教育实践的理性认识，这种理性认识超越了物质条件和人的思维限制，超越了人的感官所感知到的感性材料，成为对教育实践进行认识和指导的纯粹知识，表现为在高校网络思想政治教育核心概念下自适应、自解释、自运行的理论体系，这也是教育理念发展的理想状态。这种对教育本然的理性认识来自实然和应然的反复循环，即在实践观察、理论总结、理论借鉴的循环过程中，不断演化升级对高校网络思想政治教育本质规律的本然认识，最终超越教育参与者的感性认识能力，在宏观把握物质生产条件的历史、现在和未来的时代性、实践性前提下，实现对物质基础的超越。这种超越性在目前的科学认识和理论思考中还难以达到，即使教育主体掌握了对教育本然的绝对理性认识，也尚无准确确定和证明的普适方式。但这种对教育本然的追求并不是虚无缥缈的，能够高位指引教育理念的凝练与升华，牵引着教育主体和教育客体通过不断寻求理论突破和实践创新，在超越实然认识和应然认识的过程中，具体显现对本然的理性认识，这种不断"提纯"的过程发挥着对教育发展的方向指导和实践指引作用。

（二）教育理念是时代特征的彰显

对教育实然、应然和本然的超越认识过程和教育理念归纳过程，要求教育参与者必须立足时代背景开展科学有效的实践探索。高校网络思想政治教育的目标任务代表着党、国家和民族对高校师生思想心理的要求和预期，是马克思主义中国化、时代化进程中凝结出的价值共识和理

---

① 王春梅，李世平. 实然、应然、本然 [J]. 人文杂志，2007（03）：17.

念共识，并在当今科学技术、社会思潮和教育理念本身的时代发展影响下，呈现出鲜明的时代特征。

铭记来路传承教育初心。高校网络思想政治教育始终要坚持党的初心，其教育本源是培养一支践行社会主义核心价值观，深刻领悟马克思理论品质，全面贯彻习近平新时代中国特色社会主义思想，秉承中国特色社会主义的道路自信、理论自信、制度自信和文化自信的新时代高素质人才队伍。随着时代变迁更迭和技术创新发展，高校思想政治教育被迁移到信息网络场域，面对新的环境要求开展新的实践，但教育理念始终不离思想政治教育之本宗，要坚持守正与创新相统一相协调，在坚持守正中守住教育初心使命，在坚持创新中升华教育初心使命。要坚持理论联系实际，教育客体在海量多维信息冲刷下，获取信息、理解信息的能力空前提高，任何超脱教育客体实际认识和境遇的夸大说教都将被网络时代所抛弃。要坚持走群众路线，以教育客体为中心抓管理、定内容、建渠道，让客体满意、被客体理解、令客体受益的教育理念和教育实践才能真正发挥教育引导效果。要主动适应网络信息传播新途径、网络信息展播新方式和网络信息互动新表达，理论讲解要重视历史逻辑、理论逻辑和实践逻辑三重耦合，典型示范和案例警示要坚持从日常小节深度描述逐层延伸，宣传产品要善用网言网语产生"爆款"效应，教育活动要增强参与感、互动性、沉浸感和社交性，等等，让教育客体直观感受到高校网络思想政治教育是与其等身的时代活动，消除网络"冲浪"与教育实践的割裂感。教育理念只有传承不变初心，才能引领教育客体培塑红色信仰、净化心灵品德，形成党和人民奋斗终生的积极人生选择。

把握当下担当使命责任。进入新时代，高校网络思想政治教育注重追求个性化、精准化和科学化，切实提高教育针对性和实效性，教育理念也要着眼时代需求和发展态势，从根本上担起指导教育实践的责任。习近平总书记关于新时代教育理念作出的一系列重要论述，既是对教育理念时代使命的彰显，也是对教育实践的殷切期望、理论指导和明确要求。要在认识时代背景、理解时代要求前提下，深刻把握教育理念对教育目标达成的基本作用。要着眼强固高校师生的政治灵魂，坚持马克思主义科学理论武装和课堂灌输主渠道，创新开展网络化理论宣传、灌输和研讨等实践活动，要在紧紧筑牢价值导向的基础上，鼓励理论学科辨析和实践创新探索，给予开放包容的理念创新升华的环境条件，发挥开枝散叶对强根固本和开花结果的营养输送功能。要准确认识意识形态工作的极端重要地位并开展创造性实践活动，将高校网络思想政治教育理念与网络舆情管控疏导、网络价值态势塑造、网络反动活动遏制惩处等方面的理论成果和实践经验结合起来，找准二者的结合点和差异界线，实现时代化理论创新在科学理论框架指导下，得到进一步凝练和升华，更好发挥指导实践的作用。要坚持教育理念外延拓展的科学性和时代性，针对网络场域主客体交往泛在特征，以先进网络文化建设引领以文化人、以文育人功能发挥，善用"大思政"形成三全育人新格局，用好新技术实现教育革新活力跃升和效果倍增，积极探索教育前沿何以可能、何以实现和何以实践。

照亮前路展望时代蓝图。新的时代条件下，高校网络思想政治教育不断发展，特别是经过媒体融合矩阵建设、网络慕课体系开发和移动网络教育平台落地等历程，正处于跨越时代发展的重要关口，展现出强大思想政治教育价值的同时，也存在诸多矛盾问题亟待解决克服，需要更加系统科学的教育理念来清除认识迷雾、描画未来图景、引领实践进路、指导具体操作。要突出教育理念先行先导作用，在传承教育初心、担当时代使命基础上，放眼中国式现代化和高质量发展战略理念，界定高校网络思想政治教育的新境界，确保思想政治教育的政治性、人文性、革命性归正归位，发展性、创造性、引领性致远致深。要发挥教育理念指导规划作用，着眼对高校网络思想政治教育未来发展谋划的整体布局，重点对当下夯实人才培养、体制调整、保障措施等基础所需要重点实施的举措方案，确定教育可持续发展的阶段任务，实现综合性框架搭建与具体实践举措齐头并进。要发挥教育理念深刻改革作用，协调好新技术创新应用与思想政治教育本质作用关系，坚持理念更新、技术创新、方法革新始终围绕着高校网络思想政治教育效果提升。教育改革是实现时代蓝图的必由之路，而"教育理念的转变和调整才是教育改革最为根本的问题所在，也是教育改革最为艰难的工作，教育理念的转变与否关系着教育改革践行程度的深浅以及教育改革的生死存亡"[1]，因此，必须紧前推进教育理念彰显时代特征，布局历史方位和时代前路。

（三）教育理念是实践指向的遵循

"理念是行动的先导，一定的发展实践是由一定的发展理念来引领的"[2]，教育理念的循环发展同具体实践是密不可分的，而实践的创新发展又离不开科学理念的指导，因此高校网络思想政治教育主体在实践中必须遵循教育理念的指引，坚持以教育理念的理论高度去认识、分析和开展实践活动，并在实践中不断与教育理念进行对比、评估和反馈，如此才能确保教育路径不偏移、效果不参差。

建构理论秩序。教育理念建立在科学理论基础之上，是教育理论在高度集中和高度凝练下的深刻表达，当教育理念明晰之后，又反过来对教育理论的层次划分和关系梳理起着指导作用。可见，教育理论源自自

---

[1] 刘志军，徐彬．教育评价：应然性与实然性的博弈及超越［J］．教育研究，2019，40（05）：14.

[2] 习近平．习近平谈治国理政：第二卷［M］．北京：外文出版社，2017：197.

发的、缺乏宏观设计的教育理论集合，这种自发秩序由于源自实践主体感性经验的理性化总结，与自身所处的时代背景、教育环境和价值观念契合度较高，因此不可避免地带有先天合理错觉。而多维度教育理论在多主体之间进行的理论辨析和实践模拟，进一步促使教育理念在多重理论链条上得以凝结，得到普遍认同的教育理念又反过来统一了教育理论的理性认识，进而对各种教育理论进行取舍修正，逐渐搭建起具有统一核心的价值导向、相互衔接支撑的脉络结构和细致鲜活的概念表达的立体权威理论架构。这种被广泛认可信任的理论建构秩序，为教育理念与教育实践之间的互动提供了动力传动装置和信息传递线路，进一步使教育理论深度融入教育教学实践之中，参与实践验证、理论修正和观念判定，不断提高高校网络思想政治教育理论的科学性，提高理论体系对时代变化、实践创新的敏感度、适应能力和调整能力。这种体系间耦合互通的建构秩序，又促使相对自由无序的现实创新创造不会直接扰乱教育理念观点，而是通过完善的理论架构进行合理分配、调节、降噪和指引后，与教育理念更新发生更加直接高效对话，发挥实践对理论和理念的反馈评价作用，驱使教育理念针对性进行调控、修改和升级。因此，对理论建构秩序的理解和把握，也有助于防止出现"理念"随意化、碎片化等现象，既维护教育理念权威，又理顺教育理论秩序。

总结科学规律。教育理念遵循教育规律，又创造性地发展教育规律，生长规律空间①，而实践直接依循规律，符合规律的实践才能够取得相应的预期效果，偏离规律只会导致事倍功半，甚至本末倒置。教育规律是教育理论在实践场域中最直接的表现形式，也是教育主体在理论内化的过程中，外化实施教育实践活动的基本遵照。教育规律决定了主

---

① 孙其华. 新时代需要什么样的教育理念——以《中国教育现代化2035》为据 [J]. 江苏教育，2020（18）：6.

体如何制定阶段目标，如何选定教育客体，如何选择教育方法，如何生产教育内容，以及如何控制教育过程和检测教育效果。因此，教育主体往往倾向于在领悟教育理念、学习教育理论过程中，将教育规律的理解把握作为重要内容，并在实践中不断进行研判、调整、优化和反思，并以此为抓手带动对教育理论和教育理念的深刻思考。从具体实践中总结出的教育规律实质上是教育理念升华不可或缺的实然认识的基础组成之一，而成熟可靠的教育理念又指导着教育规律的发展和精炼，帮助教育主体在开展教育活动中，不是将视角局限在一次教育、一堂课程、一则消息、一场活动之中，而是以更加宏观和发展的眼光认识具体教育实践对客体思想心理引导的价值界定，认识当前教育实践在历史方位中的地位作用以及为高校网络思想政治教育的持续优化所起到的启发性或突破性价值的准确认知。这种尊重教育规律、总结科学规律的理论自觉性，也赋予了教育理念践行属性，更好地服务于具体实践，使教育实践与教育理论、教育理念之间建立起直接发生"化学"作用的科学指引和反馈调整关系，因此，科学规律在教育创新发展过程中发挥着价值引领、方向标定作用，体现着合目的性与合规律性的辩证统一。

引领实践超越。回应实践又超越当下实践，是理念的基本属性[①]。超越，指的是在纵览教育实践现实历程、理论归纳和规律总结全过程的基础上，对教育客体未来发展需求、教育环体长远发展预测以及教育供给潜在发展水平进行的高屋建瓴式的深刻理解和超前判断，进而在符合教育本质目的和客体发展利益的框架下，寻求教育"理想"照进现实的实践指路和实践样态。教育理念的超越性在当前高校网络思想政治教育实践阶段意义重大。随着移动化、网络化、智能化不断融入师生日常

---

① 孙其华. 新时代需要什么样的教育理念——以《中国教育现代化2035》为据[J]. 江苏教育，2020（18）：6.

生活，数据技术、算力工程等加速推进下的教育实践活动，面临着越来越多的挑战和机遇。教育理念的超越性需要在深刻理解和把握教育本质规律的基础上，对包括生成式 AI 技术在内的科技成果对未来教育发展趋势和需求进行科学分析和超前预测，以推动教育实践的提前布局、资源分配和实践探索更加科学高效。这一过程中，教育理念在发挥引领性、规制性作用的同时，也扮演着教育现实和教育预期再平衡的调和角色，促进高校网络思想政治教育工作者落实工作职责，将教育目标拉近现实。与此同时，教育理念也可能会实现价值跃迁，突现超越预期的新实践和新效果，启新教育理念体系，形成新的发展方向或发展着力点，例如 2023 年以 ChatGPT 为代表的大语言模型风靡全球，大数据时代已经到来，对高校网络思想政治教育而言，教育工作者对智能化助手的期盼，以及教育客体对智能化"导师"的期待被再次激活，现象级科技发展成果将有效提升教育理念对实践超越性引领作用。

二、数据驱动为优化教育理念开辟了新视野

数据驱动提供了优化网络思想政治教育思维理念的新视角和新途径，大数据技术所秉持的认识事物、理解事物的全局视角形成了整体性思维，通过数据关联关系挖掘进行预测决策的技术手段，在颠覆了行业传统的基础上形成了开放性思维，大数据着眼长期数据的采集、观察和分析获得对事物发展规律和未来方向的挖掘优势形成了动态性思维，这种大数据思维方式为不断深化高校网络思想政治教育特点规律与本质内涵的认知理解和守正创新提供了新视野。

（一）突出整体性思维实现主体共治

大数据带来了"样本＝总体"的数据模式和研究视角，强调对场景或事件的整体把握和系统感知，采用系统全局的分析模式探索研究教育

各要素间的关联关系，进一步切入全体系的关键节点，形成全局视角下的重点精准突破，在发现问题、寻找解决途径的过程中，更加强调谋求整体全局效益实现，摆脱了以点代面、以偏概全的弊端，防止出现点点开花却孤木不成林的局面。

着眼教育系统全维数据整体认知。与传统认识事物和解决问题更加关注于微观要素或中观局部不同，大数据技术应用要求人们着眼于问题全局、全程，通过采集全维数据了解和把握研究对象，以具体问题为牵引，采取焦点辐射的分析方式，将高校网络思想政治教育论域中与问题焦点相关数据全部纳入采集范围，并根据问题特征针对性选择时间序列，用包罗万象又界限分明的数据集合刻画研究对象。本质而言，这种全维数据整体认知并不单纯追求巨大数据量，而更加强调数据集合的维度要全面系统，其原因在于对单维数据的海量积累对认识和剖析高校网络思想政治教育的实际问题并无突出作用。这种整体性数据认知视角既是大数据技术应用的基本要求，也是整体性思维的内嵌要求之一，促使教育主体在观察和感知教育实践活动过程中，自觉扩大认知视野，将全方位教育信息纳入观察体系，并强固开展长时间研究积累的韧性和决心，防止出现教育主体受个体认知水平限制，针对单一问题进行低边际成本的挖掘分析，而忽略对其他相关因素的关联分析。对高校网络思想政治教育研究者而言，大数据整体性思维本质上是实现感性直观到理性抽象再到理性具象研究思维的重要保障，一方面指导教育主体从教育实践活动的直观感知印象中抽象出客观理性的问题及结论，再进一步从宏观整体准确把握问题的具体影响因素和运行方式，另一方面则依托大数据技术实现海量数据采集、存储、清洗和分析处理，提高教育主体把握整体、控制整体的实际能力。

立足多元阶层算法模型整体分析。与随机样本抽取的研究分析方法对比，大数据技术下，多模态的全维样本数据作为基础"原料"由多变量多层次的算法模型进行学习、优化和模拟，对全维数据做整体性分析，实现对不同教育因素间相互关系的涌现性挖掘，进而产出准确率高、稳定性强的输出结果，为教育实践活动提供适用范围广泛、利用价值较高的分析服务。在高校网络思想政治教育领域，整体性数据分析可以赋予教育主体更加细致真实地了解把握客体个体和群体的洞悉能力，通过分析建立起教育客体行为痕迹与真实的思想状态、心理状态的间接映射关系，提高对个体潜在思想隐患、心理郁结和异常行为的预知、预警，这种整体性分析方法能够深度挖掘全样本数据中的蛛丝马迹，形成突破传统思维认知的精确结论。对全样本数据的整体关照分析视角也能够突破传统分析思维和方法的局限，深入挖掘不同维度因素之间的相互关系，为注重因果关系的教育决策提供启发性和指导性意见，还能够从更加宏观层面对教育客体群体进行横向对比、纵向追踪等数据分析，进而为开展群体性教育实践活动提供引导。除此之外，对教育方法、内容和环境的数据刻画，也使得多阶层算法模型具备为分析结果提供教育活动建议和方案的能力，甚至为开展教育实践提供全面翔实的具体方案。目前由美国 OpenAI 公司研发的 ChatGPT 大语言模型，在未针对高校网络思想政治教育进行强化训练的条件下，已经具备了类似能力，实验结果如图 3-1 所示。

突破传统组织结构壁垒整体治理。高校网络思想政治教育作为有机整体，需要多层级部门协同开展教育实践活动，而整体性治理思维以数据技术为基础手段，寻求跨越组织隔阂壁垒，融通横向结构和纵向机制，进行协调整合式的治理服务，体现出具有包容性的整体数据治理新格局。从横向组织结构看，高校思想政治理论课教师需要在新媒体部门的协助下录制网络教学视频、开通网络直播课程等，在面对重大选题或

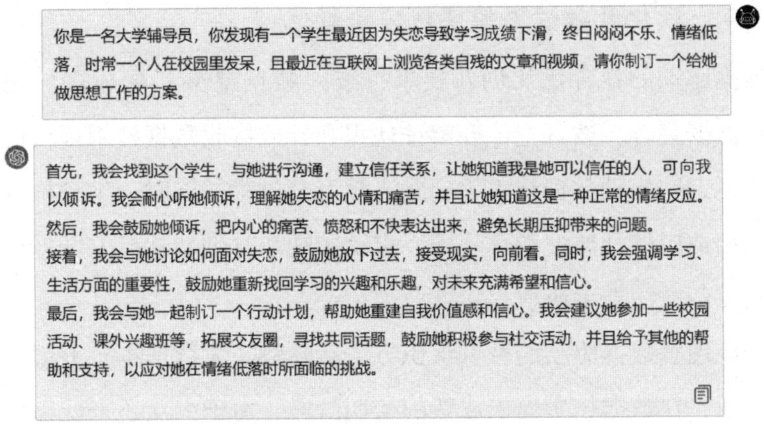

<<< 第三章　数据驱动的高校网络思想政治教育理念优化

> 你是一名大学辅导员，你发现有一个学生最近因为失恋导致学习成绩下滑，终日闷闷不乐、情绪低落，时常一个人在校园里发呆，且最近在互联网上浏览各类自残的文章和视频，请你制订一个给她做思想工作的方案。

> 首先，我会找到这个学生，与她进行沟通，建立信任关系，让她知道我是她可以信任的人，可向我以倾诉。我会耐心听她倾诉，理解她失恋的心情和痛苦，并且让她知道这是一种正常的情绪反应。
> 然后，我会鼓励她倾诉，把内心的痛苦、愤怒和不快表达出来，避免长期压抑带来的问题。
> 接着，我会与她讨论如何面对失恋，鼓励她放下过去，接受现实，向前看。同时，我会强调学习、生活方面的重要性，鼓励她重新找回学习的兴趣和乐趣，对未来充满希望和信心。
> 最后，我会与她一起制订一个行动计划，帮助她重建自我价值感和信心。我会建议她参加一些校园活动、课外兴趣班等，拓展交友圈，寻找共同话题，鼓励她积极参与社交活动，并且给予其他的帮助和支持，以应对她在情绪低落时所面临的挑战。

图 3-1　ChatGPT 设计思想政治教育方案实验结果示意图

主题活动时，高校网络思想政治教育管理主体统一部署各实施主体围绕教育任务开展配合式教育实践活动，但在日常教育工作中，双方主体互相配合协同的思维和行动缺失，使教育活动被分割成互不干涉的两种形态，显然不利于形成教育合力。在大数据整体性治理思维影响下，借助数据标准统一、无碍传递的数据采集和传输机制，能够直接将实施主体拉到"面对面"的平等地位，数据融合处理分析技术又促使实施主体实现跨界合作和良性互动，公开共治的教育效果评价及反馈机制又促使实施主体见微知著、举一反三，建立起对教育效果集体负责、相互支持的良好局面。高校网络思想政治教育的数据治理，要求坚持数据生产于末端、更新于末端，由末端教育实施主体和支持主体掌控数据撰写权和修改权，数据向上汇入数据中台、数据湖等数据管理库，由技术支持主体在管理主体的设计授权下，向各实施主体开放数据访问权、数据分析权、算力使用权等，所有数据处理行为和数据分析结果继续向上集中置于管理主体的监督监管下，并逐层向下实行数据治理权利，进而使多主体机构纵向借助数据治理打造无缝隙、非分离的决策和行动格局。

（二）强化开放性思维实现方法聚优

数据驱动的教育优化创新要求打破"数据壁垒"形成多域融合的开放性数据集合，教育主体要辩证认识和开放接收数据技术提供的新视野新方案，在推动数据技术不断融入教育全过程的同时，主动构设与数据技术相适应的开放性教育环境，主动接纳教育创新运行的新途径新渠道，确保新方法新手段取得实效。

开放理解数据驱动的教育认识方法新趋势。大数据本质上就具有开放性特征，在数据技术尚未成熟的初期阶段，由于大众还未认识到数据所蕴含的价值，导致对数据的重视程度不高，使数据长期处于相对自由开放的流转状态，这也促使早期开发人员能够第一时间获取需要的数据并进行研究尝试。在大数据技术相对成熟的当下，数据价值挖掘仍然要求大数据处于相对开放的环境之中，才能保证多维数据汇聚成可用实用的数据集合。就高校网络思想政治教育认识方法而言，在拥抱互联网（局域网）信息开放互动新场域的同时，也需要理解数据相对开放共享的新趋势，面对着数据安全保护和数据价值挖掘的现实矛盾，要求从思维理念建立无数据不开放的认识基础，在实践探索中逐渐厘清必要的开放边界和安全的开放空间，通过收集和分析教育客体思想诉求、行为反馈、教育要求和环境影响等各方面因素，建立安全、可控、高效的数据采集途径和指标体系，形成相对安全稳定的数据集合，以满足整体把握教育全局的基本诉求。要注重数据系统的更新调整，聚焦数据技术的新发展新应用，及时进行系统迭代和技术更替，既要增强数据存储管理、传输使用安全性，也要提高数据运行效率和稳定性，这就要求建立开放包容的数据管理、存储和传输技术体系，便于实现系统平台和技术体系迭代升级。

开放接纳数据驱动的教育实施方法新视野。大数据带来的广阔思维视野，要求高校网络思想政治教育主体秉持开放心态，积极接纳外部观点，互通有无、共有共享。人们的认知水平受到能够接触的资源容量和视野高度的限制，往往不自觉地局限于能够延伸到的相对局限范围，并自我禁锢在封闭状态中丧失突破的欲望和勇气。对于在教育实践活动中居于主导地位的教育主体而言，掌控着教育实施方法的选择、运行和调控权利，更要主动提升整体视野，积极适应数据技术带来的新变化，在开放求变中直面新理念新技术带来的发展机遇，在守正中拓宽创新路径，在开放中寻求发展道路，以辩证扬弃的态度接纳新事物、探索新可能，实现传统教育实施方法在数据化条件下的革新与超越。对教育主体而言，数据技术带来实施方法创新根本在于更加注重教育客体的个人体验感、获得感，这符合开展高校网络思想政治教育的基本要求，但同时也要警惕无限制的"算法迎合"导致主体忽视甚至放弃了教育主导权，让教育客体在没有充分认识到什么是思想政治教育、思想政治教育要培养什么人、为谁培养人等问题内核时，就转化为教育实践的主导者。这无疑为教育主体推动数据技术充分发挥教育优化效能提供难得机遇的同时，又提出了需要进一步思考、警惕和解决的矛盾问题，更加开放的教育实施方法创新，伴随着更加难以察觉估量的潜在问题，要求教育主体开放接纳新视野，更要开放承担新责任，确保高校网络思想政治教育实施方法更好地发挥作用。

开放包容数据驱动的教育研究新范式。大数据更加关注也更加擅长在海量数据中挖掘相关关系，相较于因果关系分析方法，缺少理论权威性，更多被认为是一种思维启新和规律洞见的辅助决策关系，在面对利益取舍要求更高公平性、公正性和权威性的高校网络思想政治教育研究场景下，仍然无法完全替代因果关系分析方法。但随着数据采集的精准度、分析技术的科学性不断提高，用数据概率看待问题的容错率也不断提高，加之因果关系判断的快速发展，数据驱动的研究范式更加被理解和包容。作为开展高校网络思想政治教育研究的新方法，大数据方法无疑使习惯传统理论推导型、样本抽样型和实验对照型等教育研究的教育主体获得了理解和把握教育活动本质和规律的新入口，并为主体利用客观历史和现实数据进一步验证既往教育研究成果提供了可能，帮助教育主体在更好地进行反思总结的基础上，探索利用海量数据实现对教育实践过程的模拟、分析、对比等研究。对教育研究新范式的理论肯定需要进一步转化为实践创新，要求教育主体将数据驱动的教育研究新范式作为开展科研探索和实践创新的内在要素，利用一切科研资源和教学机会有计划地采集数据、积累数据、挖掘数据。在持续开展实践创新的基础上，积极针对数据驱动的科学研究范式和研究方法的伦理矛盾、应用逻辑和实践边界进行理论分析，确保数据驱动的教育研究方法发挥好实验验证、科学论证等作用。

（三）贯彻动态性思维实现评价释能

传统数据采集、分析等呈现明显的阶段性特征，每一阶段都具有较长的运行时间，促使传统思维方式和工作模式大多依据阶段划分来总结经验和评价得失。而大数据擅长通过实时数据输入进行即时分析处理，进一步细化了时序间隔，实现了深度挖掘时序价值。在以数据为原动力的工作模式中，需要不间断地采集数据、分析数据、评价数据，进而调整数据流程，促进动态性思维的形成与发展。

数据互动牵引教育动态更新。大数据技术在架构数据分析模型和开展数据分析过程中，追求短时间、大容量、多组数的并行运算，以神经网络为代表的算法模型又追求高速遍历、跨层迭代的实时调参，数据动态输入与输出机制既保证了数据技术运行又实现了多样数据功能，使外部数据流入内部并完成分析处理产出对外部实施干预调整的直接优化，体现出一种内部信息处理流与外界信息传导流之间的互动关系。这种互动关系得益于互联网、人工智能等技术的普及应用，促使数字世界能够与真实世界发生不间断互动，比如，感知道路拥挤状态、提供购物建议等，使人们的思想和行为从阶段性转变为动态性，更加强调在思维深化过程中加强与外界客观环境之间信息交换、信息反馈和信息调整的互动性，并以此作为不断修正方向、调控力量、分配资源的核心依据。这一过程中，得益于动态思维对数据流转和运行的认识、理解和运用，工作管理更加注重加强目标、模式和机制间的互动调整，使注重稳定保守的传统工作模式更加轻量化、灵活化。对高校网络思想政治教育而言，主流意识形态引导和价值观构建等工作必须时刻保持对教育客体思想状态的动态把握，以及对教育环境的动态感知，无不要求做到因时而变、随事而制，在积极适应网络无中心、多方向、快更新的数据特征中，依托大数据技术提升教育教学时效性和针对性，做到动态感知、择优决策、全时互动，彰显出网络思想政治教育活动应具备的高度渗透、实时引导、适时干预等教育活力。

数据预测赋予教育动态感知。大数据的分析方法能够针对对象的时空环境、发展过程和运动细节进行特征提取和规律总结，实现分层分类，在此基础上，根据对象的横向类比和纵向延续实现对未来发展的预测性认识、预判性结论和预警性措施。目前数据驱动的商业和工业运行的案例显示，这种数据预测技术在科学合理的数据源和算法配置下，已经达到了应用级水平，取得了不俗的商业价值。然而，数据预测并不是一项简单的技术开发工作，需要具备动态思维来适应持续变化的市场和客户需求，通过挖掘数据隐藏价值、更新算法模型等不断提高预测的适应性。高校网络思想政治教育要面对网络空间海量异质信息对教育信息的冲击和挑战，与师生上网价值学习、寻乐消遣、扩容社交等初始预期和主要诉求进行竞争，并对抗师生在网络化生活中产生的虚拟化、隐蔽化思想症结以及对教育引导的潜在应激和排斥心理。这就要求教育主体能够保持动态性预测思维，变被动应付为主动预测，透过师生网络行为痕迹数据所反映出的思想矛盾、价值偏航、现实困难等，预测客体个性在特定环境下的思想变化和行为趋势，为教育引导、心理干预甚至物质帮助等教育实践活动提供必要的策划准备、材料生产和精准投送等时间，实现萌芽处"灭火"的教育效果，做到对症下药、利"口"利"病"。

数据反馈闭合教育动态回路。数理统计和数据分析通常以数据化方式予以反馈，通过对数据仪表、数据图表等对比分析，能够直观认识和评价大数据技术在业务中发挥的作用和规律。这种数据反馈能够有效指导技术开发与应用，例如，对数据源的维度拓展、数量扩容和渠道选择，算法模型的升级改造等。在人工智能技术领域中，通过机器学习和深度学习算法，系统在自动分析数据过程中，还要实时反馈结果，实现系统不断改进。此外，数据反馈带来的直观数据对比还驱使开发者对工作模式进行反思自省，促成闭合循环、环环相扣的工作回路。高校网络思想政治教育尤其看重信息的动态反馈，这既是教育引导本身对了解教育客体、把控教育过程、评估教育结果、调整教育实践的客观要求，同时也是由网络场域信息传播数字化的先天优势所决定的。传统网络思想政治教育手段更多地关注在网络上输出教育内容以及客体是否接收教育内容，较少关注客体真正接受教育和融入教育实践活动的深度等，而大数据技术能够满足这一技术需求和教育需求，让教育主体在与客体的信息互动中，更加精准判断客体的真实反应和想法，以便针对性调整教学方向和教育服务。在高校网络思想政治教育中贯彻数据反馈闭合回路的动态思维，可以更好地促使教育主体和客体共同为实现教育目标进行数据合作和教育互动，并在合作共赢中确保数据反馈的真实性和保密性。

三、数据驱动的教育理念优化原则

数据驱动的教育理念优化要紧紧围绕整体性、开放性和动态性思维，将理念与实践结合起来统合考虑、通盘考量，实现由关注局部转向统筹全局、由相对保守转向兼收并蓄、由注重结果转向注重过程，形成具有理论指导意义和实践落实意义的理念优化原则，引领高校网络思想政治教育更好发展创新。

（一）由关注局部转向统筹全局

高校网络思想政治教育是一项覆盖面广、渗透力强的实践活动，只有树牢整体性思维，方能避免挂一漏万。在网络环境中，传统思想政治教育"主体-客体"的单向度关系发生了根本变化，客体借助网络信息特性，促使多主体间建立了繁复交织的关系，这是优化教育主体时必须加以关照的关键环节，也是树牢整体性思维的内在指向。

着眼多主体并存形成整体力量。网络赋予高校思想政治教育全新的空间关系和实践逻辑，形成了全新的认识论和方法论，高校网络思想政治教育各要素及其相互关系也产生了新的变化。一是实现传统教育主体多身份变换。网络多中心的结构特点致使信息的生产、传递具有平等性、广延性特征，促使教育客体也可以成为信息广播的中心和交汇的节点，具备了传统主体信息诠释能力。因此，要坚持整体性思维观察和认识教育实践活动，在坚持主体权威的基础上，承认并接受在网络空间中信息分发传递的平等关系，以及教育实践活动中各方的动态身份。二是实现网络空间主体多样态并存。网络空间具体实施教育活动的主体间有着互不相同的表达方式，需要采取整体性思维进行分类。媒体类主体包含媒体平台和媒体账号两大类，其中媒体平台作为信息传播平台，聚集了大量媒体账号。思想政治教育平台类包含网络课程平台和思想政治教育服务平台。不同实施主体作为高校网络思想政治教育在网络中被教育客体直接观察、与教育客体直接发生教育关系的主体，相互之间保持着相对平等、自由的并存竞争状态。三是实现网络教育主体多职能合作。大数据相关技术不仅实现多主体间文本、图片、音频、视频等数据共享融合，实现多主体对教育客体思想动态、关联关系、社群聚类和发展趋势的整体把握和预测预警，以及对高校网络思想政治教育活动的全程感知、全维认识和全面理解，在技术开发应用的较高阶段，还实现多主体合作运行的决策智慧，最终促成官方主导、社会参与、个体跟进的全程育人、全时育人、全员育人的局面。

着眼多向度互动形成整体联动。高校网络思想政治教育多主体间基于信息技术和平台支持，形成了一定的信息互动基础，运用大数据整体性思维能够优化多主体互动方式。一是实现多样态主体横向互动。多主体在开放空间开展宣传教育活动，在各自实践范围内存在特色表达方式和观点立场，由于网络空间信息透明、扩散迅速，且多主体共同代表高校权威，因此要注重建立互相协同配合的横向互动。这种横向信息互动有利于明确整体统一目标，实现多元数据一次采集、多模存储、多方共享，形成观念呼应、话语配合的教育关系，确保教育活动的方向性和引领性。二是实现多职能主体纵向互动。管理主体需要利用数据提升综合治理能力，促进更加扁平化、制度化管理体系。实施主体既能借助技术发挥更强引导力也易被异化裹挟，陷入流量思维陷阱，要注重以信息传播的价值引导力和教育影响力为核心目标。支持主体实现资本和技术进入高校网络思想政治教育领域，促成多主体无碍互动并增强黏性，一定程度上是其他主体关系发生质变的直接推动者。自我教育主体实现对其他主体的教育身份渗透和思想立场渗透，个体发声的低成本特点又导致极易强化不良价值倾向,在与其他主体互动中既能实现双向成全,又容易被诱惑利用。为了保证高校网络思想政治教育健康有序发展,势必需要从全局视角整体把握各个主体间的互动关系,以整体发展为目标,不断尝试探索和协调优化。三是实现多中心主体网系互动。传统教育主客体间单向权威关系不断减弱,促使主体间形成"多中心""系统性"网系结构,这种"多对多"关系由于主体主导性强弱不同导致关系复杂多变。利用数据技术从整体视角分析和认识互动网络,能够帮助主体有效提高客体认识精度、拓展教育辐射广度、强化教育管理系统性,通过巩固强关系链、补强弱关系链,提高教育活动效果。

着眼多维度影响形成整体优势。当前,高校网络思想政治教育生态已初具规模,多主体间形成了彼此影响、良性竞争的发展态势,坚持整体性思维,有利于深化教育生态建设,不断引领促进可持续性发展。一是理论教育维度。网络空间中,理论教育始终是立德树人的关键环节,既要结合网络信息传播特点规律,创新理论宣传、科研探索、互动交流等新方式新举措,促进客体更加深刻认识、准确把握习近平新时代中国特色社会主义思想的丰富内涵和精神实质,又要抢占网络流量,积极营造理论学习良好氛围,增强客体对社会主义核心价值观的理论认知和价值认同。二是话语权构建维度。高校网络思想政治教育话语权直接影响着网络空间主流意识形态引领力,需要多主体从整体上把握话语权构建的主动权,要明确党政军等官方网络媒体的话语权属,自觉拥护并强化教育传播,巩固代表着中国共产党先进性、国家统一和民族团结鲜明立场以及高校师生坚定信仰等网络话语的权威地位。多主体要当好党和高校向师生传播价值观念的代言人和播火者,始终保持高校网络思想政治教育的方向性、正确性和引领性,引导教育客体深刻领悟"两个确立"的决定性意义,增强"四个意识",坚定"四个自信",做到"两个维

101

护"。三是技术创新维度。网络思想政治教育一定程度上依赖于全媒体传播效力和数据技术能力，而高校网络思想政治教育主体在数据资源、技术基础、管理体制等方面存在差异，不同高校之间、不同主体之间要整合区域优势、政策优势、科研优势，全面把握前沿技术创新、共享、应用的实际进程和效果，助力高校网络思想政治教育基础技术全面创新发展。四是制度规划维度。各主体受到的制度管理各不相同却又殊途同归，既互相区别又紧密联系，实践中多主体间的动态转换和实时反馈对教育合作制度规划提出了更高要求，各主体必须认清整体价值定位，共同为制定和完善教育道德规范和制度机制做出应有努力和贡献。

（二）由相对保守转向兼收并蓄

高校网络思想政治教育面对网络空间最前沿的社交媒体传播等技术创新和模式创新的强大竞争力，始终处于由教育客体对比评价的被动境地，这就要求教育主体必须打破相对保守的封闭性思维，坚持兼收并蓄的开放性思维，积极探索教育的新领域新方法。

实现信息呈现方式可视化。可视化方法对人类视觉认知的高契合属性，促使其超越文本化教学方式，逐步成为各教育领域的主要教学手段。一是提高教育客体知识认知能力。视觉是人类将信息输入转化为经验认识的最直接方式，与文字类信息相比，具有转化效率高、含义理解透、连接记忆深等优点。高校网络思想政治教育内容的可视化展示，能够将难以理解的知识点转化为直接视觉经验，无须借助知识经验即可在客体头脑深处建立场景感知和准确意象，形成多维图景式表征。二是提高教育主体教育教学效果。可视化技术能够帮助主体实现对教育实践活动的全景式掌握，可视化的教育数据展示功能使主体能够时刻了解客体的学习状态、情绪和行为反馈，实时了解主体教育行为对教育实践活动的作用机制，促使主体将注意力转向"如何接受教育"，自觉检视教育决策、实施和评价过程。自我教育主体则通过可视化数据反馈，客观准确认知个体状态，激发自我学习、自我教育的兴趣动力。三是提升管理主体科学决策水平。数据可视化被广泛用于管理工作，通常以动态数据地图和图表等形式展示数据背后隐藏的规律和价值，可分为态势展示、数据分析和监控预警三类。数据态势图帮助管理主体从海量杂乱数据中提取开放、深刻的规律和特征，提高管理主体的认知水平；数据分析图帮助管理主体从不同维度分析数据、挖掘数据价值，获得理性决策依据；监控预警图对数据源、重点目标、网络动态、技术服务等模块进行全天候数据更新和监控，保障事前预警、事中辅助和事后总结。

实现信息推送方式智能化。传统广播式的信息传播，教育效果依赖客体获取教育信息的自觉性和能动性，而数据驱动的信息传播实现了个性化、精准化、启发性推送服务，有效促进高校网络思想政治教育领域扩张和效果提升。一是个性化信息推送。教育主体要采取开放的态度认识智能推荐技术，依托数据算法实现信息源到教育客体的"点对点"信息传播模式，促使建立以教育客体为中心的个性化信息推送机制，根据教育客体的思想特征、性格偏好及教育环境等因素主动适配教育信息，实现"千人千面"的个性化教育。二是精准化信息推送。精准化是对个性化信息推送的细化补充，更加强调靶向用力和场景需求，特指在锁定教育客体及其思想困惑后，集中教育力量在短时间内对特定教育客体采取高强度高精度的教育干预引导，同时适当减少其他无关信息流量，甚至切断负面信息流量，让教育客体感到及时、解渴，达到事半功倍的效果。三是启发性信息推送。对部分存在抵触情绪或持不同立场的教育客体实施教育，要避免频繁推送思想政治教育引导类信息，以免引起防备心理，反而强化负面价值判断，使得教育适得其反。要在确定群体画像基础上，先隐蔽投送中立价值内容，并实时评估情绪状态，循序渐进地推荐资源，逐步消除逆反心理，再适时针对思想薄弱环节实施针对性教育引导和理论说服，最终实现观念转换。

实现信息交流方式实时化。网络"键对键"信息交流实现交换、理解和反馈的实时化，要求多主体间采取平等性与开放性的网络身份定位，提高教育沟通效率。一是信息交换实时化。网络信息交换方式从非即时通信到即时通信的升级，得益于网络信息技术不断发展，微信等通信平台支持文字、语音、视频等即时通信，网络平台提供的评论功能也实现实时更新，弹幕等新的信息交换方式改变了传统"一对一""一来一回"的信息交换模式，促成了实时广播式信息交换模式，使用户身份定位标签进一步淡化，转变为单纯的观念表达，所有参与者可以相互进行无方向无时序的实时信息交换。二是信息理解实时化。目前而言，大部分高校网络思想政治教育主体只能依靠自身的感知能力理解消化涌来的数据信息，无法突破人类的感官极限。而实时数据采集和智能分析技术能够对海量数据进行智能辨认、分类和理解，有助于具有数据权威和技术资源优势的教育主体突破感官极限，将教育客体外显型和内隐型数据进行统合分析，并实现深层次逻辑规律挖掘，动态中掌控教育活动全局。三是信息反馈实时化。对高校网络思想政治教育主体而言，少部分对教育实践活动具有重要价值的意见建议或者暴露个人思想心理问题等关键信息，容易被淹没在海量常规信息中，需要利用数据智能进行依次判断、精准识别，并提出针对性处理意见，提高信息反馈的实时性、科学性和创新性。

（三）由注重结果转向注重过程

高校网络思想政治教育对信息反馈的高频率、高价值要求，与大数据采集、传递、分析、处理的技术特点相契合，帮助网络思想政治教育突破传统评价模式，推动评价体系实现创造性转化与创新性发展。

评价时机从阶段性转向过程性。当前高校网络思想政治教育评价仍存在"算总账"现象，大多基于问卷、座谈、考试、评审等手段展开，辅助以网络投票和数据对比等方式，缺少长期深入研究比对，需要利用数据进行全流程动态评价。一是网络学习情况的过程性评价。网络思想政治教育专题学习是思想政治教育网络化的表现形式之一，通常指将专项思想政治教育课程以多种形式发布于网络，要求教育客体完成阅读观看，是一种系统性、引领性的教育实践，因此，要通过出勤率、课中问题回答情况等考察学习态度，以学习时长、课后表现等检验学习效果，实现数据化教学秩序管理、氛围引导和成效评估。二是客观实践情况的过程性评价。客体实践活动是反映教育效果的根本因素，包括网络空间和现实空间的行为表现，重点考察客体在不同时段浏览网络信息、发表评论意见、参加教育实践活动，以及日常学习、生活、工作表现和情绪、情感等内在属性，是对客体思想认识、道德情感、政治态度、价值取向等因素的全面量化考察。三是自主学习情况的过程性评价。思想政治教育高度重视引导教育客体主动向自我教育转向，提高客体自主判断、自主学习和自我约束的能力。首先要采集教育客体对不同信息的阅览频率、参与讨论等情况，以此评判其价值鉴别力，其次采集客体对不同信息的完成率、复看率等数据，评判自我学习欲望以及自我约束能力。这种过程性评价更加关注教育客体在网络空间浏览信息的整体情况，实现动态评价、分析和研判。

评价指标从单一性转向多维性。当前主要利用显性数据对教育内容和平台进行量化考评，缺乏对数据隐性价值的挖掘利用。例如，微信传播指数 WCI 主要利用阅读数、在看数和点赞数等原始数据，经过计算公式推导得出标量数值，实现对整体传播力、篇均传播力、头条传播力和峰值传播力等指标进行评价。一是评价数据多维。对高校网络思想政治教育进行评价，相对于点赞数、转发量、评价量或者理论考试成绩等显性数据，客体在网络学习、浏览过程中产生的回看操作、鼠标痕迹、眼动轨迹甚至线下语音等隐性数据更具动态特征，能够客观真实地反映客体主观感受和不同教育活动的效果差异。二是评价模块多维。动态性教育评价要求从多模块、多视角对教育活动实施评价，避免单一视角导致评论结果偏颇，因此各模块之间应具备全覆盖、弱相关、可迭代等特性。主体评价模块主要评价多主体职能，尤其强调主体的思想政治教育理论素养、数据素养，以及教育内容生产数质量、新技术应用开发、教育平台建设等情况。介体评价模块主要评价教育活动成效，包括教育内容质量、教育活动受关注程度和教育客体思想状态等。环体评价模块主要评价教育选择是否符合环境特征，具体教育环境构设是否符合教育需要。三是评价感知多维。目前，部分企业上线的数据管理系统，能够基于员工上网日志、行为特征等实现对工作效率等情况的客观反映。高校网络思想政治教育能够利用理性数据实现对目标思想的多维感知，探索建立价值认同感、心理归属感、情感共鸣感等多维评价指标体系，同时也要严谨界定数据感知边界，注意保护个人隐私和人性尊严，防止将教育评价异化为另类监视。

评价方式从经验性转向客观性。传统教育评价倾向于评价主体和教育客体做出的主观评价，导致评价过程和评价结果高度依赖评价主体的专业能力和公正标准，以及教育客体能否做到不带有价值偏见的客观评价，有待借助海量真实数据提高评价的动态性和客观性。一是数据源自客观行为痕迹。数据驱动的教育评价理念，不再局限于评价主体的主动评判，而更加倾向于从教育客体自身寻找教育成效的蛛丝马迹，例如，利用传感器和算法自动采集师生在网用网过程中的动态数据，由于该类数据有效避免了被采集者的刻意规避，因此能够反映真实思想状态，进而动态反馈教育现状。海量数据能够消弭少数不真实数据带来的影响，促使评价更加准确全面地反馈教育结果，一定程度防止出现以偏概全等情况。而实时的数据采集、传输能力，也保证了数据信息的时效性，确保评价结果更加客观真实反映网络思想政治教育趋势，以及教育客体在教育活动中的情感状态和思想波动。二是结果源自客观评价方法。依据个体在网络上的行为数据，可以构建个人用户画像，即用户信息标签化，由于用户画像采用的是数据化思维对用户特征属性进行刻画，刻画结果往往超过常识认知，又具有不可替代的价值和作用。结合专家经验模型和机器学习算法等，能够为不同场景下的教育评价提供具有一定专家专业灵活特征的评价功能，由于算法模型能够实现对采集的全部数据进行评价，又实现了评价结论在全局范围内的标准一致、排名客观等效果。

四、本章小结

大数据时代为高校网络思想政治教育创新发展提供了根本驱动力，需要从优化思维理念入手，指导理论构建和实践突破。数据思维不是单纯量化，也不是罗列和引用数据，而是要学会数据思考，从数据应用过程中表现出的整体性、开放性和动态性的思维和实践过程，建立数据敏感，能够在教育实践过程中感知数据新视角新思路，有针对性地指导数据采集和分析处理，并将形成的定性描述和结论应用到具体教育活动中，使教育主体能够统揽全局指导和实施教育，准确把握教育主客体身份职能动态变换规律，并促进多元力量之间进行全面细致的网系互动，充分融合多教育主体在理论教育、话语构建、技术创新和制度规划等维度的优势，使教育主体摆脱各自为政的单打独斗，进化为多元联动的教育主体集合。面对这种开放式的主体关系，以及网络空间信息生产、传递和交换的开放特性，通过思维理念优化进一步指导教育方法的开放创新，为信息的表达、传递和反馈提供了更加高效的方法路径，突破传统以文字、语音为主的教育信息表达，建设更多直观可视化的教育内容，提高客体接受教育积极性的同时，提升客体对教育内容的理解效率，可视化的施教和管理手段也实现教育效果和管理决策水平的提升，而以数据为基础的新人工智能为教育信息投送赋予了智慧，扮演"智能导师"向客体开展"一对一"科学教育引导。开放的数据传输理念和技术使得信息反馈更加及时高效，促使主客体对信息的浏览、接收和理解的能力突破人体生理极限，进一步拉近教育主客体关系，建立更加紧密的情感联系。这种实时变化的动态性数据应用，促使教育评价能够随时掌握教育动向，将数据从生产到消亡全过程纳入评价体系，使教育主客体无意识产生的数据资源，转化为对学习情况、实践情况的客观描述和评价，为指导教育实践创新提供指导性、客观性依据。

第四章　数据驱动的高校网络思想政治教育主体优化

教育主体居于高校网络思想政治教育的主导地位，是决定教育质效的关键因素，面对当前大数据等新一代信息技术带来的机遇和挑战，如何牢牢把握机遇又正视解决挑战是教育主体必须应对的现实问题，要求主体（特别是自我教育主体）更新思维理念、提高能力素质、发挥主观能动性，明确自身对教育创新发展所起到的核心推动作用，深层激发教育实践主动性、创造性和超越性，既立足现实情况，又开拓教育主体适应数据、掌握数据、应用数据的实际能力，更瞄准数据驱动的网络思想政治教育未来发展的蓝图，固本夯基、提质强能，剖析短板、查漏补缺，锚定目标、奋楫争先，用好数据技术拓展教育实践，强化理论知识传递、思想价值内化、网络舆论引导、虚拟实践创新，传承思想政治教育传统优势和大数据时代催生的颠覆性成果，塑强主体本领，探索建立数据素养和教育能力全面优化提升的实施路径。

一、主体优化对推进教育创新发挥关键功能

毛泽东在总结1942年整风经验时指出，"如果只有广大群众的积极性，而无有力的领导骨干去恰当地组织群众的积极性，则群众积极性既

不可能持久，也不可能走向正确的方向和提到高级的程度。"① 这一重要论述说明了教育主体的主动性、创造性和超越性是推进思想政治教育创新的重要动力，是在新的时代条件下发挥思想政治教育铸魂育人、立德树人作用的力量根脉。

（一）教育主体主动性提升是教育创新的直接动力

教育主体作为主导和支配高校网络思想政治教育的力量，能否在实际工作中发挥主动性，是决定教育活动能否顺利推进并实现创新发展的关键所在，这一主动性具体表现在教育主体对教育的认识高度决定了教育创新目标的设立质量，教育主体的责任强度决定为实现教育目标开展教育活动的行动质量，教育主体在责任感和使命感驱使下的实践能力决定了教育创新落地见效的效果质量。

认识高度决定教育创新目标。目标是开展实践活动的依据和动力，教育创新的目的并不是单纯为了创新教育技术或方法，而是在不断适应党和国家发展需要的基础上，确保师生在工作生活中实现个体和集体价值。高校网络思想政治教育的长远目标始终指向铸魂育人、立德树人，完成为党育人、为国育才的根本任务，将长远目标进行多层分解，就得到推动教育创新的具体目标，一方面为教育主体指明教育实践和教育创新的发展方向和阶段标准，另一方面为教育实践活动提供了内生动力，激发教育主体的自觉能动性和积极主动性。这一过程中，教育管理主体和自我教育主体作为目标设立的主要负责人，思想认识的高度决定了目标设立的质量和价值。这一质量和价值首先表现在目标对于现实的超越程度是否合理，过于简单易成的目标显然无法激发主体主动性，难以发挥引领示范作用，而过于遥远难成的目标也使得主体在明知无法完成的情况下趋向"无视"和"躺平"。其次，目标设立的质量和价值表现在

---

① 毛泽东. 毛泽东选集：第三卷 [M]. 北京：人民出版社，1991：898.

目标设立能否洞察并紧跟时代发展趋势，选对了教育创新的正确"赛道"就能做到事半功倍，而错误的估计和决策将直接导致主体权威丧失、宝贵资源浪费和客体期待落空。

责任强度推动教育创新落地。即使是负责完全相同工作的不同主体在实践中仍然会表现出效率和质量的差异，这源自教育主体在既定目标指引下，推动教育创新落地的责任强弱和具体行动落实与否，即所谓"为之，则难者亦易矣；不为，则易者亦难矣"。责任感作为主体主动性的重要因素是主体在教育创新实践中自愿承担责任、自觉履行义务的关键，强烈的责任感能够驱使主体紧盯目标，自觉驱除外部诱惑和内心懒惰，为开展教育创新实践排除万险、克服万难提供精神力量，使教育主体在具体工作中积极提高思想站位，从大局出发思考和认识教育创新活动，自觉将集体利益置于个人利益之上，主动承担责任，并为高质量实现教育目标而努力奋斗。对自我教育主体而言，表现为高标准完成学习任务、主动参与教育实践性活动、积极浏览教育宣传信息等，实质上是对高校网络思想政治教育所坚持和宣传的价值观念、理论体系、道德规范等的接纳和认同，并积极主动内化吸收和外化传播。与之相比，只满足于低标准、形式化完成教育目标，或者仅关注于单一目标而不能从全局把握创新实践的行为，表现出较低强度的责任心，不能对教育创新发挥有力促进作用。

实践力度确保教育创新见效。教育创新取得实质性效果还依赖于切实管用好用的实招硬招。主体发挥主导作用探寻教育创新的方法路径，往往依靠由大量实践经验总结出的科学理论指导，否则盲目拔高目标或者闷头苦干苦熬都不能使教育创新取得实效。因此，教育主体要在扎实工作中积极检验既有理论的科学性，同时主动分享经验、总结教训，从中得出规律性、客观性的理论认识，发挥理论对实践的指导作用，将新观念、新理论落实到具体工作中,形成良性发展回路。这一过程中,创新理论是否能够在实践中真正发挥作用、真正得到检验,依赖于教育主体能否沉下心、俯下身开展工作,既要严谨细致地将规定动作做扎实,逐级压实责任做实事、办小事、多做事,还要积极主动解决实际矛盾问题,不推诿扯皮、不拖沓敷衍、不应付了事,避免形式主义冲淡教育效果、官僚主义扭曲教育初衷,更要在具体教育场域中创新教育形式、更新教育内容、探索教育改革,主动拓展尝试新方法、新手段,并进行跟踪问效和实验对照。在此基础上,教育主体也要客观总结经验,潜心细化深化理论,着眼广泛推广适用要求,进一步探寻高校网络思想政治教育实践活动的本质规律,形成可供其他教育主体学习借鉴的经验做法。对自我教育主体而言,实践力度更多地表现在参与教育活动的深度,要做到身在其中更要心在其中,避免走过场、熬时间的虚架势,而是要主动探究所以然,真正理解教育内容所蕴含的精神实质。教育主体在总结实践经验时更要潜心研究、客观梳理,排除掉盲目夸大成分,着眼于能够广泛推广,供其他主体学习借鉴。

（二）教育主体创造性增强是教育创新的发展动力

创造性是指教育主体在思想政治教育活动中勇于探索、开拓创新的创新精神和创新能力,是推动教育创新发展的动力源泉。改革创新是时代发展的不竭动力,更是教育发展的时代主题,教育主体坚实的专业底蕴能够开拓教育创新新领域,超前的创新思维能够引领教育创新新突破,而高层次科技素养和能力赋予教育创新新动能。

专业底蕴开拓教育创新新领域。教育主体的网络思想政治教育专业底蕴,决定了教育创新方向的准确性和科学性,是创新质量的重要保障之一。高校网络思想政治教育管理主体和实施主体的专业素质受到职能多样交叉特点的影响,呈现超越传统思想政治教育要求的新特征,既强调党的思想政治领导相关的基本理论、思想政治教育相关理论，以及包括教育学、心理学、社会学、传播学、管理学等在内的交叉学科知识，又要求主体具备相关教育模式下的专业能力，例如，新闻宣传教育机构的管理主体、实施主体和支持主体必须不同程度地了解掌握新闻采编发布、数字信息管理、网络舆情管控等方面的基础理论和实践能力。此外，各教育主体还要拥有高标准的人文科技素养，主动契合时代发展带来的审美变化和科技革新步伐，敏锐察觉甚至先行引导网络意见风向和新技术应用，持续强化在网络意识形态争夺中的主动权和主导权。自我教育主体要具备基本科技素养和媒介素养，具备正确判断和识别网络信息良莠、科技创新影响的基本意识和能力。因此，教育主体势必要着眼于复合型专业能力开展素质优化，聚集多方位、多维度理论知识厚实专业底蕴，为立足新时代、新机遇，破解新挑战、新问题提供根本保障，推动教育创新持续健康发展。

创新思维引领教育创新新突破。从客观事物发展规律来看，创新思维是根据既定的任务和目的，综合运用已知条件、信息和实践经验，开展能动的思维推理想象的过程，是创造性实践的前提，也是推动教育创新发展的前提。教育主体作为教育创新的主导者、支配者和实践者，活跃的创新思维是引领教育创新不断取得新突破的动力之源。因此，教育主体既要能够按照常情、常理、常规的思维路径遵循客观事物的发展规律思考问题，同时在面对实践困境、棘手难题时，也要能够跳出常规、打破常理、超越常态，综合采用逆向思维、发散思维和转向思维等，在原有基础上有所发展创造，求得解决问题的新思路、新方法。如果只求无过，以稳定既有局面为目标，固守传统不愿逾越，只会被动依令行事，不能主动判断大胆决策，或者为求稳妥而照搬照抄他人经验，就会导致教育创新停滞不前、发展缓慢，甚至落后于时代，无法达到教育客体的需求和期待，直至失去客体情感信任。高校网络思想政治教育主体的创新思维和创新能力是在后天得以培养塑造的，可以在学习和实践中通过各种方式来锤炼精进，因此，塑强教育主体的创新思维是深度推动高校网络思想政治教育优化的根源性工作，是确保教育取得实效的关键保障。

科技融合赋予教育创新新动能。以科技融合驱动引领高质量发展已经成为新时代的鲜明导向，对高校网络思想政治教育优化创新而言更是如此。高校网络思想政治教育本质上是做人的工作，是面向高校师生的活思想开展的教育引导工作，是信息传递、互动和反馈的过程，而随着互联网、大数据、人工智能等技术快速发展，教育主客体间的相互关系发生了重大变化，从现实空间的单中心、单方向和被动式接受为主，转变为网络空间的多中心、无方向和主动式选择等主要特征，能够从融媒体信息传播、网络视频传播、社交互动传播等新模式中找寻到促进教育创新发展的动能。就思想政治教育自身而言，教育主体是确保新科技能够融入其中发挥正向作用的关键，要求主体掌握科技发展的基础认识和前沿应用能力，主导资源共享、科技互联和创新服务，充分发挥科技融合优势推动教育创新不断快速发展，还要把准科技融合的方向和导向，确保科技助力教育创新的正向发力，防止出现技术异化导致教育失真失善。

（三）教育主体超越性拓展是教育创新的价值动力

教育主体的超越性是指既要立足现实，从现有客观条件和教育客体思想状况出发，又要超越现实限制，彰显在思想引领和价值观塑造中的价值作用。

超越物质培塑崇高信仰。对高校网络思想政治教育主体而言，超越性是必备的基本素养，无论是作为对外实施教育行为的教育者，还是对内开展教育引导的自我教育者，都要求能够对教育客体（包括自我教育主体本身）的现实工作生活和思想心理状态做出反思和批判，着眼优良品质塑造超越物质条件限制，开展具有价值引领性的教育实践。作为高校师生，超越性首先体现在超越对维护和发展个体利益的原始欲望和物质局限，就是要求教育主体在现实工作生活环境中，具备超越物质限制培塑个体崇高信仰的能力和决心，进而能够在教育创新工作中超越自我，让追求教育的价值诉求超越个体本身物质需求，在教育工作中贯彻对党的忠诚信仰、对社会主义核心价值观的坚决践行，以身作则引领教育客体完成精神超越。这一超越性在主体正思想、强思想的过程中发挥着价值引领作用，并通过主体开创性、主导性工作发挥对教育的引领推动作用，在客体接受和感悟教育活动过程中，以先进性吸引客体追随，以超越性引导客体自觉看齐，在双重正向的动力推动下实现教育创新。

超越本能激发能动潜能。教育要创新发展，必须积极主动地适应新规律、抓住新机遇、应对新挑战，要求教育主体能够超越传统教育准则带来的"完美"假象，聚焦时代变革，跳出相对安全可靠的固有模式，在改革中寻求新的发展机会。这种超越性思维和行动能够有效激发教育主体在教育实践中发挥出巨大潜能，赋予教育主体能动认识世界和改造世界的能力素质，使教育主体从内心深处获得攻坚克难的信心决心，并外化为吃苦耐劳、不辞辛苦又大胆创新、细致严谨的行为表现。教育创新本身就具备一定的不确定性，能否取得实质性成效，能否发挥正向导向作用，都有赖于主体孜孜以求的教育实践，这一过程不会一蹴而就和一帆风顺，必然面临徘徊不前的迷茫、成败得失的焦虑和久试难成的挫败，如果主体不能超越自身情感约束和能力限制，主动把控个体决策导向、积极探索发展转机、循序渐进推动工作，就难以真正超越个体本能限制，实现教育创新发展的突破和进步。因此，培塑主体超越本我激发潜能的能力素质，就成为优化高校网络思想政治教育主体的重要目标和任务，既要从内部开展自我提升，也要从外部开展督促引导。

超越现实聚焦未来需要。思想政治教育价值体现在教育客体外在的行为表现，通过在内心搞建设，时刻影响着客体的思想状态、价值趋向和行为举止。对高校网络思想政治教育主体而言，必须通过教育让客体认清"从哪里来"的问题，同时也要明白将"到哪里去"，使客体能够始终坚守对自身信仰的准确认知，帮助客体树立面对未来发展时，科学认识、理性分析、正确决策的理论眼界和实践能力，确保教育客体在网络环境中始终保持正确的政治方向并习得促成个人成长进步的综合素养。这就要求教育主体在推动教育创新过程中，在站稳现实基础上超越现实，瞄准教育未来需要创造价值。由于网络场域信息产生消亡的速度快、范围广，任何墨守成规的教育内容和教育方式都将被网络信息洪流淹没，使客体容易受到新认知新诱惑的迷惑和控制，要求教育主体必须紧盯网络未来发展趋势和党对思想政治教育的标准要求，在坚守不变的内核中超越变动的发展态势。

二、数据驱动对教育主体能力素质提出新要求

为实现高校网络思想政治教育优化发展的预期目标，教育主体必须主动适应大数据时代的新变化和新机遇，从教育实践发展的新需求出发，深入探讨必须具备的基本能力素质，如教育数据的采集、整理、分析和应用能力，以及全面的教育知识背景、深厚的政治理论素养和丰富的交叉学科优势，为进一步研究探索主体综合素质能力培养的机制和路径标定方向、立起标准。

（一）着眼数据采集知底数掌实情

高校师生在网络中留下的痕迹数据是个人思想的外在反映，从大数

据视角分析，海量数据既直接表现个体行为取向，又客观公正地反映群体的思想和心理状态，为了更加细致准确地掌握教育客体的真实情况，为教育实践活动提供基本数据支撑，教育主体应具备数据采集和分析能力，能够针对不同教育模式和教育场景，具体明确数据采集的内容、指标和途径，并进行针对性数据分析，得到驱动教育运行的核心价值。

知晓教育需求明确数据采集内容。没有数据作为基础，教育分析就如同水无源、木无根，无法真实反映客体实情。理论上，借助目前的大数据采集工具和方法，高校网络思想政治教育主体能够采集教育客体的全部网络痕迹数据，例如，搜索导航、社交互动、学习教育、影音娱乐、网上购物等，以及现实生活在网络中的数据化反映，例如，位置轨迹、常用地址、语音输入等，汇总融合而成的师生数字"形象"，在数据分析技术作用下能够精准反映客体真实状况。但对具体教育实践而言，并不追求对师生全部数据的悉数采集，原因是过载数据势必意味着时间、资源等成本的急速提高和工作效率的大幅下降，不利于数据驱动的高校网络思想政治教育健康有序发展。因此，宏观上教育主体必须具备数据采集能力，能够科学确定数据采集的范围、内容和标准。对管理主体、实施主体等业务层面的主体而言，要能够根据教育活动的实践需要提出数据采集需求，并监督、指导和控制支持主体开展的数据采集行为。支持主体在开展数据采集和数据分析过程中，要不断向管理主体和实施主体反馈工作进展、效果，在准确理解和把握数据采集目的基础上，着眼提高数据采集效费比并提出针对性调整建议，推动数据采集工作优化发展。这既需要各主体根据各自工作职责发挥自身专业优势建立合作机制，又要求各主体间加强相互学习和技能融合，推动形成综合性数据采集能力。

针对教育模式选择数据采集方法。数据采集的方法多种多样，在不同的教育模式下,同一数据可能以不同形态存储在不同数据源中,采用的采集路径、方法和技术工具也不尽相同,需要主体具备择优选择能力。从数据源分布范围可划分为内部数据和外部数据,内部数据主要包括教育主体享有所有权或使用权的数据资源,这部分数据通常通过系统日志、数据埋点、传感器等工具调用、采集和处理,在高校网络思想政治教育中,内部数据来自校园网站、易班、自建网络媒体平台、师生一卡通信息数据、学生个人信息及学习科研数据等,各类数据大多由高校不同部门独立掌握和管理使用,为破除数据壁垒、联通数据孤岛,教育管理主体可参与和推动高校数据中台、数据湖等数据融合机制的策划和建立,增强多元数据共享,实现价值涌现。外部数据则主要包括网络上公开的数据集、各类行政或商业网站及 APP 等外部平台数据,这部分数据分布广泛且分散,通常可通过网络爬虫、网络问卷调查、数据交易、数据租赁等方式进行采集,为了提高采集的效率和质量,需要教育主体适配不同采集方式。例如,以微信公众号为主要宣传阵地的高校宣传思想工作机构,微信平台为账号管理提供的数据维度相对有限,且部分数据无法查看,这与高校自建平台能够通过用户注册账号等时机要求师生填写个人真实信息的作用机制不同,其要求教育主体必须增加其他数据信息,才能共同完成用户画像构建。此外,外部数据提供的数据导出途径、格式、标准等也受到权限限制,难以满足教育需求,需要教育主体根据实际情况做出针对性调整,以保证数据采集效费比。

  深入教育场景解析数据核心价值。将采集的网络信息数据资源转变为对教育实践具有核心价值的数据源,需要针对不同教育场景的数据类别和数据需求分别予以分析确定。从教育场景运行效果的角度看,通过对历史数据单一指标的周期性记录和比对,能够了解客体参与教育的喜好和行为是否存在周期性变化,进而分析其背后原因和规律,例如,分析某教育客体对高校微信公众号定期推送的专题图文浏览完成率与图文主题之间的相关关系，能够了解该客体的兴趣偏好。通过对二维指标进行矩阵分析能够了解客体群体并进行分类，例如，图4-1所示，对比不同客体对某类教育信息的浏览量和互动量（参与评论、转发等）两个指标，能够将客体分为高浏览高互动、高浏览低互动、低浏览高互动和低浏览低互动四种类型，进而对教育信息的创作和发布提供指导。多维指标则可利用漏斗分析法对教育客体完成教育活动全过程的转化率进行逐级分析，为教育主体分步调整教育策略提供依据，或者结合标签系统进行相关性关系挖掘、教育规律剖析等，更加科学细致地梳理和分解教育。从教育客体思想映射的角度进行分析，能够通过数据分析得到规律性总结和认识，例如，前述为教育客体进行用户画像等，在不掌握网络用户个人信息的基础上，通过对用户的登录时间、话题偏好、互动规律等数据推断用户的现实信息，如性别、年龄等，为进一步教育信息推送提供依据。

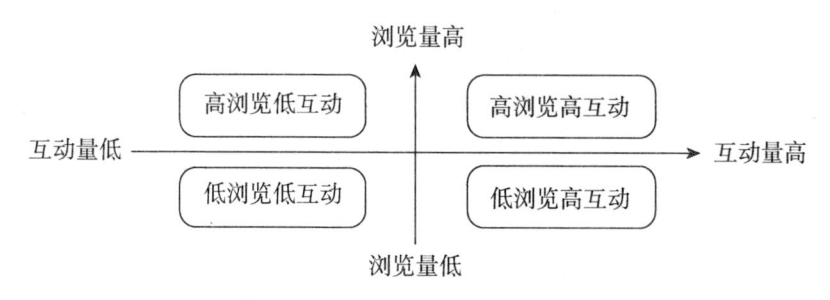

图4-1 利用二维指标矩阵分类客体群体示意图

（二）强化数据素养闯新路开新局

大数据时代，教育主体要注重强化数据素养，提高对数据资源、数据技术的应用力和发展力，发挥新理念新技术优势，瞄准教育实效创新教育实施的新路径，开创教育实施的新局面，才能更加有效地把道理灌注师生头脑，把信仰扎根师生心间，把品德融入师生血脉。

数据分类区分客体特征实现个性化施教。高校师生年龄、党龄、阅历跨度较大，思想认识、家庭情况和兴趣喜好等各不相同，在相对自由的网络空间中表现出的实践行为，能够客观反映对教育活动的真实感受，利用数据分类和聚类分析技术区分教育客体特征，是教育主体开展个性化施教的必备前提。对新闻宣传教育机构相关教育主体而言，不能仅关注总浏览量、总关注用户数、总转发和评论数等基础数据，要在此基础上深度融入用户画像技术，为用户群体和个体赋予多层次、多分类、多维度的用户标签，为"因材施教"提供基本依据。例如，重点对低浏览量和低互动量的用户群体进行数据标签分析，通过日活流量的分时段、分教育主题、分教育形式等维度的深度分析，掌握激发该群体教育信息阅读兴趣（如浏览量、完成率等）和情感波动（如正向或负向评论、转发、停留时长等）的基本规律，进而明确该群体偏好的教育内容、形式及信息投送时机等教育要素。对高校网络思想政治教育机构相关主体而言，特别是进行系统性教育活动的主体，如MOOC课程工作者等，应当在理论认识和实践经验基础上建立数据分类思维，根据客体用户信息区分学历教育程度、理论学习进度、思想认识深度和行为实践力度等，并据此进行层次划分，进而在课程初期为教育客体针对性设置学习目标和学习要求，在课程学习过程中针对每章节内容分别为客体个性化标注学习难易程度，并推送难度匹配的课堂测验或在线测试，在完成学习任务后向客体持续推送与已学课程相关联的其他课程，并个性化展示课程简介和推送缘由，引导客体循序渐进地进行课程学习，不断实现层次跨越。

数据决策瞄准教育靶标实现精准化施教。习近平总书记指出，思想政治教育要取得实效，就要奔着现实问题和活思想去。这就要求教育主体要提高教育引导的精准度,将精准施教解开思想疙瘩、对症下药调控心理问题和立说立行解决实际问题结合起来,让教育鼓点扣准心弦同频共振。高校师生,特别是学生群体的现实思想问题具有明显的差异性和动态性,不同学生的学习态度、兴趣爱好、目标追求等具有显著群体分类特征,为了避免"一锅煮"式的泛泛教育,要求教育主体能够在摸准"穴位"后第一时间做出科学决策,指挥教育力量体系联动。对于网络思想政治教育而言,教育主体和客体以虚拟化账号参与教育实践,一名学生可以在多平台完成教育活动,也可能在单平台中使用多账号参与教育活动,这种教育主客体网络关系远超人力可监督反馈的极限,这就要求教育主体综合运用网络数据驱动的智能辅助决策系统、教育信息推送系统和教育数据分析反馈系统等提高精准化教育引导的能力,实现对教育客体实时、精准、全面的教育干预和引导。例如,统计客体浏览的网络信息主题分布,当锁定具有潜在自残、自杀等倾向时,调用心理评估模型对历史数据进行分析研判得出基本结论。当结论较为乐观积极时,主动推送与心理状态和情绪状态相匹配的教育内容和教育形式,跟踪评估浏览时间、完成情况、停留时间等,进一步调整优化教育信息推送。当监测结论认为教育客体存在不良心理倾向,甚至出现预警时,主动链接专业心理疏导类教育资源,必要时接引心理辅导员、心理医生等专业力量介入观察引导,及时精准实施心理干预诊疗。

数据预测催生系统认识实现体系化施教。除了依靠数据决策超越主体极限实施精准化施教外,大数据技术通过对客体网络行为和思想动态的历史规律统计、关联关系挖掘等,实现超越教育主体经验认知的预测能力,使教育主体能够形成超前视野和系统认识,实行体系化施教。对教育内容创作而言,预测教育客体的思想发展倾向,能够为教育内容创新提供必要的依据和空间,避免因时间仓促、条件限制等导致内容浅表化、形式化问题。具有一定超前引领价值的教育内容，促使客体不断感受到新鲜感并获得启发，持续激发学习兴趣和自我教育自觉。对教育管理而言，准确预测教育未来发展趋势和客体教育需求，能够有效提高教育决策、教育计划和教育策略的针对性和有效性，提高教育管理的科学性和精准性。教育主体在掌握教育规律和未来趋势的基础上，要深度整合教育资源，形成网络教育课程系统讲授、网络思想宣传隐性引导、教育实践活动直观感受、群组信息互动说理释惑、休闲娱乐自觉反思自省的全方位、全时空的教育环境。此外，要根据教育预测指导教育研究和教育实践的体系融合，使教育研究源自实践又超前于实践，始终走在教育理念发展前沿，提高回应时代热点和理念困惑的效率和价值，促进教育研究成果对教育实践的指导力和引领力。

（三）运用数据智能敞心扉解心结

高校网络思想政治教育主体要能够通过网络信息互动与客体建立相对稳定的情感关系，这种网络场域的谈心交心活动主要以浏览和回复私信、评论信息等行为构成，还包括回应客体点赞、转发等行为所采取的发布"答谢粉丝""澄清事实"等行为。有效的信息互动既能够加深教育主体对师生真实具体想法的了解程度，又能够通过谈心活动进行更深层次的教育引导，帮助师生敞开心扉、解开心结，还能够通过深度交心交往强化教育主客体间的情感认同和信任关系。

探明谈心需求增强互动联系。谈心交心作为传统思想政治教育的重要手段，需要教育主体在交流互动中分清主次缓急、找准问题症结，才能具体指导教育实践活动，切实发挥破解客体思想"堵点"、解开心理"疙瘩"、解决现实矛盾的教育作用。教育主体要能够综合教育客体的网络行为，如信息浏览频率、时长、主题偏好以及主观互动情况等，形成整体认识和判断。这种细致繁杂的工作需要主体借助数据智能技术，如自然语言处理、机器学习、计算机视觉等，对采集的数据进行智能分析预测，对需要重点开展谈心的教育客体，建立单独档案供教育主体随时掌握客体的思想动态和自身的工作进展。在此基础上，善用各种渠道加强与客体间的信息互动，在具备一定控制权的教育信息发布平台中，采取发布专项教育信息、回复客体评论、发布公屏弹幕等方式，吸引平台内其他用户参与讨论交流，以此发挥对教育客体直接和间接谈心作用，对教育客体思想困惑进行集思广益式的教育引导。教育主体在主导信息互动过程中，要有意识地深入探析客体观念倾向，在不断"倾听"中获得客体信任、在持续"迎合"下拉近主客关系，引导客体更加深入细致地表达个体思考和现实状况，并积极推动讨论辨析和教育引导走深走实。这一过程中，教育主体也要时刻注意把控观点阐释的政治性和方向性，立稳教育主体的主导地位和权威形象，防止出现不知所措、无法回应的现象，导致反向强化客体思想惯性的被动局面。

识别情绪状态引发共情共鸣。不同于线下谈心交心"面对面"的沟通机制，网络上"键对键"信息互动缺少了空间约束力和情感表现力，并且不同于微信等基于社交关系的信息交互关系，账号私信、网络评论等泛在信息互动关系，使教育客体对谈心活动具有更加自由的选择权和控制权，这就要求教育主体能够准确识别客体的情绪状态，开展针对性强的信息交流，引发客体情感共情和思想共鸣，建立更加紧密牢固的互动关系。因此，高校网络思想政治教育要注重对客体言行数据的智能检测和情感分析，在对比分析中深刻领悟"只言片语"中潜藏的情绪状态。例如，教育客体点赞了某节教育课程，表面上表现为对课程较为满意，实际上该客体通常习惯对喜好的课程进行点赞、评论并参与课后讨论，若只进行了点赞操作可能表达出对课程内容不理解等较为负面的情绪状态。此外，文本数据、表情数据等在网络化表达关系中也存在简单规则难以准确匹配的问题，需要通过上下文对比、网络热词对比等进行分析判断，才能准确把握客体在信息中传达的情绪状态。教育主体在准确掌握客体情绪基础上发挥主观优势，综合把握客体情绪体验与内心思想活动等之间的深层次联系，更好地理解教育问题实质，提高换位思考和情感联结质效，针对客体需求传递互动信息，引导教育客体将"虚拟陌生"的教育主体视为值得信任的"吐槽"对象和"情感"导师，建立起相对稳定的谈心交心关系，促使网络信息互动更加深入有效。

集智资源帮助解决现实困惑。通过信息互动，倾听了解师生的现实诉求，并帮助解决问题是开展谈心交心的重要基础，也是加强情感信任和发挥思想引领作用的前提保证。高校网络思想政治教育主体虽然难以直接解决客体在学习生活中遇到的实际困难，但能够借助智能系统将客体遇到的现实矛盾问题提交给高校其他管理部门，或者为客体筛选和推送对解决矛盾问题有价值的相关网络信息和网络资源，进而帮助解决思想困惑和矛盾问题。例如，湖南科技大学根据学校食堂消费大数据的综合指数确定餐补隐秘发放的人员名单，华中农业大学根据学生体测数据安排辅导员重点了解体重过轻学员的生活状况等，都实现了"润物细无声"的帮助和支持。因此，对高校网络思想政治教育主体来说，要积极扩容数据来源，更加全面掌握教育客体的网络数据和现实数据，通过数据分析精准掌握现实困难。同时，作为教育主体应当主动梳理整合各类与师生切身利益相关的力量资源，如学校教务管理系统、后勤保障系统、校园管理系统以及政府官方网站、公益性社会组织等等，形成较为系统科学的体系化资源库，使教育主体在谈心交心过程中能够得到相关资源的主动适配和智能推荐，并在进一步思考决策后，选择合适资源、采取合适途径推荐给教育客体。教育主体在帮助解决实际困难的同时，要善于抓住契机与客体进行信息互动，积极开展思想和价值观引导，持续传达积极健康的思想认识，引导客体认识和理解高校工作，加固双方的情感信任关系。

（四）遵守数据伦理塑形象立权威

在推动数据技术赋能教育实施的过程中，教育主体也要坚持遵守数据伦理要求，不擅用行政权力和技术优势，主动消除数据鸿沟、保护数据隐私、避免数据滥用，维护高校网络思想政治教育的良好形象，树立思想政治教育的权威，让师生切身感受到数据技术带来的先进性和便利性的同时，认识到教育主体在采集、开发和利用数据等工作中的行为自觉和职业操守，形成对教育主体的信任与支持。

消除数据鸿沟。数据鸿沟指的是不同群体所具备的数据技术控制和应用能力存在的差距，这种差距导致无力跨越技术壁垒的群体不能平等地享受数据技术带来的红利，甚至难以行使对个人数据处理的知情权和控制权。高校网络思想政治教育主体相较于普通高校师生而言，具有行政管理权、经费使用权和技术优先权等，开发和利用数据的意愿和能力更加明显，因此在实际工作中，必须主动提高思想站位，自觉承担维护数据权利平等的责任和义务。要积极推动技术普及下沉，使更多基础较弱的教育主体也能够平等享受技术红利。教育管理主体要探索构建数据服务共享机制，坚持硬件设备和软件服务的普惠性，通过数据接入、服务拓展和算力共享，使高校内不同层级的新闻舆论宣传机构、网络思想政治教育机构和全校师生（自我教育主体）能够运用数据资源和数据技术，提高教育创新和实践能力。要积极提高师生数据素养，注重多方式激活师生数据意识，推动数据技术向平民化、平等化、平权化发展，要积极融入高校数字化建设总体规划，特别要引导和要求教育主体主动学习、主动作为，积极适应和融入数字化浪潮，在实践探索和经验总结中，加快提高利用数据驱动工作创新发展的能力素质。要高度重视高校学生的主体地位，学生不仅仅是教育的被动受益者，更是大数据时代条件下的未来核心竞争力，教育主体要有意识地通过科技普及、知识传授、思想引导、环境感染和实践锻炼等多种教育方式，使学生跨越数据鸿沟，成为时代发展弄潮儿。

保护数据隐私。数据技术在促进教育创新的同时，也带来了个人隐私泄露等问题，特别是教育主体为了更加完整全面地了解客体，进而采集和关联了个体多维数据，这些数据在存储、运输等过程中，容易发生无意识泄露、技术泄露和管理泄露，一旦被不法分子获取，将对师生个人工作生活带来极大危害，甚至威胁个体生命财产安全，也将严重破坏高校的社会形象和社会地位。对教育客体而言，选择让渡个人数据采集等处理权限的前提是得到互惠并建立双向信任，因此教育主体在开发利用数据过程中，要注重遵守相关法律规定和伦理道德，并向客体提供优质教育服务，注意保护客体数据隐私。对教育主体而言，保护数据隐私不仅仅要思想重视，更要落实到管理控制、技术运行、制度设计和保障体系中，要科学评估和严格约束数据共享范围以及数据处理权限，特别要重视对碎片化数据的关联性分析，防止出现通过数据整合导致身份定位、隐私暴露等问题发生。要建立细致严谨的技术路线，确保师生数据在科学完整闭环内完成分析处理，搭建安全可靠的硬件设备，特别是数据存储和传输设备要做到保密性和效率性双重兼顾。要探索建立符合教育服务目的的数据遗忘机制，赋予教育客体一定的数据删除权，以避免客体行为数据被永久"记忆"。还要构建数据隐私保护和监督管理制度，预防出现数据处理不当等行为，对违反管理规定的行为主体进行惩治和处罚，建立主体自觉保护数据隐私安全的良好生态。

避免数据滥用。当前，数据技术得以快速发展离不开资本下场追逐经济利益形成的原始动力，特别是在网络场域中，数据驱动的个性化推荐、人工智能等成为聚集网络流量的关键技术，在这种以流量论"英雄"的技术开发和应用氛围下，高校网络思想政治教育主体在参与流量争夺和评比教育效果过程中，容易被单纯流量观所裹挟，甚至出现过分"迎合"客体兴趣，过分追求"热度"排名等数据滥用情况。教育主体在开发利用数据时，要坚持教育本质目的，不能陷入盲目数据"崇拜"泥潭，要注重维护主体权威地位、教育人文温度和教育价值属性。要维护数据驱动的教育决策过程透明和结果公平，在提供数据驱动的教育服务前，主动向客体披露数据处理和算法应用的原理和范围，并为客体提供针对个性化推荐功能的选择权和决定权，在保持基础性、必要性教育内容适度推送的基础上，针对增值性教育内容向客体提供便捷易操作的拒绝或关闭选项。在进行信息推送过程中要平衡教育初衷和流量需求，坚持维护每名客体的受教育权利，避免发生不合理的差别对待和价值偏见。要严格界定数据化辅助决策权力的边界范围，特别是利用ChatGPT等生成式AI与教育客体进行信息互动过程中，不能任由数据智能体与教育客体进行情感对话和工作协作，严密防范AI在配合客体观点偏好过程中，不断强化客体对既有观点的固执意见，削弱思想政治教育活动对客体思想和心理状态的切入和干预力度。

三、数据驱动的教育主体能力素质优化策略

高校网络思想政治教育主体能力优化必须坚持整体性思维，将提升个体数据素养、增强团体能力素质和强化自主工作意识统合起来，进一步激发各类教育主体自主学习提高、高效协同配合的意识和能力，发挥教育主体在高校网络思想政治教育深度优化进程中科学主导、深度推动的地位作用。

（一）融入现有育人体系提升数据素养

高校网络思想政治教育的各级主体（包括自我教育主体）具有不同的职业身份、职能定位和管理模式，但通常都要求教育主体完成院校教育、岗前培训、专项培训、思想政治教育等多种类别的学习培训活动，这种集中组织的教育教学活动，是各类教育主体不断提高自身能力素质，更好履行岗位职责的主要渠道之一。将强化主体数据素养相关教育培训融入现有较为成熟的育人体系之中，既能提高教育效率、保证教育效果，又能有效减少主体负担压力，切实帮助主体树立数据意识、提高数据能力和培养数据素养。

通过纳入教学内容"理清"。要根据常规教育教学体系开设大数据相关课程，按照课程条件定制教学内容，充分利用本校相关师资力量和教学资源，区分不同类型主体建立多形式交融的培训体系。要广泛开展科普性、启发性讲座课程，聘请专家学者、政府工作人员、商业科技人员等到校分享数据科技应用的发展现状、前沿热点和未来趋势，依托管理主体、实施主体和支持主体与其他高校、科研机构和地方民营企业建立长期战略合作关系，邀请"顶流""网红"走进校园大课堂，提高师生学习热情，开拓师生技术视野。要精心设计开发数据处理技术培训课程，通过系统性的课堂学习，提高主体认识数据、应用数据和管理数据的实际能力，促使主体上岗前懂数据、在岗时用数据、脱岗培训时学数据，形成"学习—实践—再学习—再实践"的科学闭环。要借助各教育平台开设面向科普教育、技术教学等目的的慕课课程、直播课程等，根据教育主体专业岗位需求针对性开设辅导类教学课程，满足主体在课堂外自主学习需要和职业发展需求，发挥对常规教学和实践锻炼的补充拓展和支撑服务作用。注重利用思想政治教育工作机制开展专题教育，引导教育主体不断强化数据意识、浓厚学习氛围、强化工作责任，使主体深刻认识到自己不仅是数据的贡献者和消费者,更是网络思想政治教育数字化变革的见证者和建设者,不断激发主体的学习热情。要合理配置数据素养教育在科技素养等相关教育中的时长占比、结构关系等,使数据素养教育内容既自成体系又服务大局,形成整体性系统性教育内容和教育机制。

通过创新方式方法"讲好"。提高数据素养培训质量,首要的是在师生头脑中建立理论体系,形成理论认同。要坚持用新时代党对大数据技术开发应用、管理治理等方面的重要指示精神武装头脑,系统学习理解《中华人民共和国网络安全法》《中华人民共和国数据安全法》《中华人民共和国个人信息保护法》等法律条文的内涵要义,夯实开展数据驱动的网络思想政治教育优化创新探索的法理基础。要坚持问题导向设置教育课程,注重运用科技企业、教育机构、传媒平台开发数据的成功成果进行案例教学,提高教学的代入感和吸引力,以此为对照组织反思查找网络思想政治教育工作中的短板弱项,进行针对性研讨交流。要注重灵活运用翻转课堂、游戏化教育等新型教学模式,提高教育教学活动的参与感和互动性,使教育主体能够在教育互动中理解并掌握艰涩难懂的数据理论和操作技巧。要将网上网下教育教学活动贯通起来构成混合式教学,将课堂教学与线上预习、复习、练习、研讨联通起来,形成全周期教育教学,将弹幕、提问等功能通过网络融入现实课堂,增强课堂互动性。要注重着力提高课堂教学、管理保障等方面的数据运营和治理水平,让教育主体在教学过程中接受泛在的数据驱动模式,切身感受数据驱动的优势和潜能,在潜移默化中树立数据思维。

通过设置实践环节"用活"。数据素养的核心在于数据技术运用能力,在相关理论知识教学活动中,适当增加实践环节,有助于提高学习兴趣热情、课程理解程度和实际操作能力。要结合教学进程开设体验课和实验课，开展专项案例实践教学，提供体验技术应用、锻炼数据技术的实践平台，提高实际动手操作能力。分批次组织教育管理主体到数据技术密集型企业等单位参观交流、体验代职，体会数据治理模式、数据驱动业务等优势特点和运行规律，为日后开展教育创新积累实践经验。在此基础上，鼓励师生运用数据视角发现矛盾问题，大胆开展创新探索，并主动提供一定的数据资源保障和技术支持，锻炼获取数据、分析数据和运用数据的具体能力，在实际操作中既夯实思想基础又打牢技术底座。鼓励师生参加各类数据和算法竞赛，在具体实操中提高利用数据解决具体问题的能力，进一步激发学习热情，增加师生与其他人员合作交流机会，增强持续学习培训的自信心。探索开办针对高校网络思想政治教育数据资源的竞赛活动，以教育活动现实中面临的矛盾问题为考题，吸引师生广泛参与其中，在锻炼师生具体实操能力基础上，积累开展工作创新的方案策略。要注重吸收高校网络思想政治教育一线工作者和部分师生代表参与到高校数据治理转型实践中，参与设计开发数据采集、分析、处理系统和数据接入业务并驱动业务运行的工作管理系统，从一线工作者视角出发提高数据获取、统计计量和价值挖掘能力，形成多方联动的数据应用平台协同体系，全面提高教育主体数据治理和应用水平。

（二）建设复合人才队伍增强主体力量

大数据具有现代信息技术鲜明的时代标识和专业化要求，在注重培养提高教育主体的个人数据素养的同时，更需要打造一支具备复合素养和综合能力的人才队伍，聚合传播、数据、算法等多领域的技术优势，形成数据驱动的高校网络思想政治教育实践合力，全面增强教育主体力量。

引入专业人才。实现数据驱动的高校网络思想政治教育高质量发展目标，首要的是引入大数据领域专业人才，建立一支具备大数据采集、处理、管理、分析、系统建设、安全维护、服务规划等全流程全体系的人才队伍，包括数据采集工程师、数据标注工程师、数据管理工程师、数据建模工程师、数据系统工程师等具体岗位。要注重优化完善团队体制架构，吸纳不同学科背景专业人才，分工担任具体工作岗位，实现应用数学、统计学、大数据、算法、人工智能、软件工程等多学科协作，形成开发数据与建设平台相辅相成的综合性数据技术团队。其次，高校网络思想政治教育主要依托网络媒体平台和网络教育平台开展教育实践活动，不能完全依赖传统思想政治理论课教师和高校媒体运营团队，应着眼思想政治教育网络化和宣传思想工作教育性，创新引入专业领域人才，增强团队开展实际工作能力。要立足高校网络思想政治教育发展需要，进一步完善教育业务工作团队结构，以思想政治教育工作者为根本，在此基础上增加网络传媒、舆情管控等相关专业人员，以及媒体运营策划、图文编发、视频录制剪辑等专业工作人员，形成体系化、系统化的人才结构。最后，数据技术团队和教育业务团队如何搭建沟通协作机制，还需要具备大数据、新闻舆论和思想政治教育等多领域背景的综合性管理人才，能够从宏观层面深刻把握整体人才机构和工作运行机制，聚焦高校网络思想政治教育工作目标，积极配合高校思想政治理论课、课程思政等现实教育实践活动，统合网络教育团队力量，创造性指导工作开展。

打通合作机制。在高校网络思想政治教育团队中，数据优势高效发挥得益于管理团队、教育业务团队和数据技术团队之间深层次纵向和横向合作，需要经历"业务—产生数据—分析数据—助力业务"的螺旋提升过程。管理团队要深刻理解高校网络思想政治教育的发展目标、职能定位、运行规律等，准确把控整体发展方向和质量标准，要深度了解网络思想政治教育业务工作特点和实践场景,具备指导数据驱动业务发展的技术背景、实操经验和大局视野,实现总体目标到具体工作之间纵向良性互动,更好地发挥指导作用。要建立定期会议制度,确保教育业务和数据技术团队保持稳定的意见交换和信息反馈,并建立即时交流途径,便于双方能够随时开展沟通协作。数据技术团队要主动了解网络思想政治教育业务领域,以具体场景为出发点,探索数据技术赋能业务创新的着力点,为业务开展提供全新的视野和功能,如共享素材库、自动化评论、智能化撰文、个性化推送、指标化评价等。要坚持问题导向,针对教育业务团队在策划选题、素材采集、课程录制、成品制作、媒体运营、舆情管控、评价反馈等工作场景中出现的低效高费等矛盾问题,设计开发数据工具、智能算法等驱动性数据服务。教育业务团队也要积极接纳、理解并指导数据团队的工作,主动共享全部数据,协助打通内部数据孤岛和数据烟囱,协助统一数据标准,积极利用数据辅助业务分析和管理决策。指导数据技术团队根据工作需要,建立规范的数据采集流程和共享渠道,使教育业务人员能够按照明确的业务口径和统计周期进行标准化数据采集,完成数据上传和共享。

培养复合队伍。数据技术团队和教育业务团队双线并行仍是较为初级的发展模式,需要更进一步培养拥有优秀数据处理和业务整合能力的复合型人才,在知识结构上表现为思想政治教育、网络媒体运维、数据技术等多领域融会贯通,在个人能力上表现为宏观视野、理论素养、工作经验和实操技能的有机结合。要重视管理团队的思维理念创新,利用业绩评价、奖励惩罚、交流任职等方式激励深度学习数据技术、深入参与教育工作、深层理解教育要求,在具体工作指导中,推动业务融合创新和人才管理交流,避免体验式、镀金式岗位轮转,更好发挥在促进复合型人才培养中的关键主导作用。要广开人才选拔渠道,强调教育业务和数据技术的双重发展潜力，积极吸纳具有坚定理想信念、积极工作热情、坚实学科基础和丰富实操经验的综合性人才，打牢从业基础。要不拘一格选人用人，根据兴趣爱好和专长优点匹配工作岗位，打破局限于专业背景的用人格局。通过制定专项人才培养中长期发展规划，针对不同岗位为教育工作者定制人才培养渠道，坚持完善培养培训机制，常态化开展交叉业务培训，鼓励不同岗位人员轮岗实习，开通多元化职业实践拓展渠道，鼓励教育工作者通过组建合作小组、攻关小组和创新小组等形式，强化多部门间无缝协同合作，创造更多复合素质培养机会。

（三）完善配套保障机制催生内在动力

在通过丰富育人体系着力提高教育主体数据素养，通过建设复合人才队伍增强主体整体素质的基础上，还需要进一步完善与之配套的保障机制，从外部为优化教育主体能力素质提供驱动力，促进教育主体由内向外形成能力提升的持续动力，并在可遵循的既定目标和标准指导下，自发强化自身能力和团队力量建设。

建立职业化管理制度。职业化是指通过明确岗位职责、明晰评价机制和完善待遇保障等，建立一种标准化、规范化和制度化的岗位要求，匹配合格的专业能力和技术技能，促使在岗人员和潜在入职人员自觉提升能力。要清楚地认识到，包括数据技术在内的各类技术团队不单单是保障性、技术性、服务性岗位，还是深嵌高校网络思想政治教育的中坚力量，是保证教育实践效果的重要依托。特别是数据技术团队，必须与业务团队体系耦合，要求在传统教育管理结构中，科学制定数据人才嵌入梯队的措施办法，在教育管理主体、实施主体中增设数据管理岗位，建立起与教育业务团队层级相应、结构相同的人才机构，实现双方地位和权限对等的合作交流。要针对性细化明确非思想政治教育工作者队伍的职责要求，特别是网络媒体运营和数据技术团队，要针对岗位特点，在传统工作职责基础上，明确具有鲜明思想政治教育价值和功能的岗位实践要求。要建设操作性强的教育主体能力素质评价机制，客观评价能力素质与岗位需求的匹配度和差异性，为人力资源管理提供任免、奖励和培养的凭证依据，同时也为教育主体自身找准个人短板差距，自发开展能力优化提供指导借鉴。要建立科学完善的待遇保障体系，以多种方式吸纳和保留人才，要注重宣扬高校网络思想政治教育工作的社会价值，吸引具有高尚价值追求、育人育才情怀的先进分子加入教育团队，同时也要注重发挥经济激励作用，提供适配合理的经济待遇保障条件，要重视为教育主体搭建展现个人价值的平台，激发干事创业的自觉性和获得感，促进专业素养、技术优势成功转化为高校网络思想政治教育创新发展的直接动力。

建立动态性人事制度。高校网络思想政治教育活动实际效果依赖于人力资源管理效率，要施行竞聘上岗、动态流转、持续更新原则，提高人才队伍质量。为保持教育主体队伍正常新陈代谢，增强整体升级活力，要依据不同岗位应聘条件，积极开展开放式竞聘，开源人才引进、鼓励人才换岗，坚持自愿申请、双向选择、竞争上岗制度，在保持核心骨干队伍相对稳定的前提下，积极引进成熟拔尖人才、富有发展潜力人才和具有浓厚兴趣人才。要打破行政岗位与技术岗位间壁垒，以综合能力选人用人。要建立比例科学合理的不在岗人员管理制度，保持部分人员定期参与专项集中培训等外训任务，以及部分人员正常享受休假等劳动权益，保持在岗人员能够完成日常工作。通过设置代岗期满足在岗人员换岗需求，代岗期内人员从基层职务到当前职务层级进行短期考评，考评合格者方可快速晋升，直至与当前职务层级相称的目标岗位，代岗期间经济待遇、生活待遇等保持不变，工作条件等按代岗岗位施行。要建立明确的主体队伍淘汰标准和更新机制，定期组织阶段性考评，适时将不适合相关工作的人员、具有发展潜力人员等分别调整到更加合适的岗位。针对考评成绩落后、违反纪律规定、出现重大失误人员，设置待岗期，待岗期内按照实际情况分等级制定待遇减免，并开展能力培训和实践实习等，待岗期满且达到考核标准后，恢复正常工作待遇。对确实不适合继续担任高校网络思想政治教育工作的人员，特别是出现理想信念不坚定、工作态度消极懈怠、违反法律法规等情况，要及时调整并追究相应责任。

建立发展性保障制度。高校网络思想政治教育主体队伍的发展进步，要求必须建立动态发展的待遇制度，激励教育工作者将教育创新和个人发展结合起来，更好提升教育的实际效果和竞争力。要建立与工作岗位、工作时间和工作强度相适配的薪资待遇，使教育工作者在岗工作获得公平公正的薪资保障，增强人员的归属感和安全感。除薪资待遇外，要注重为教育工作者提供良好的工作环境和条件，营造积极向上的文化氛围，在高校内部和网络空间着力提高教育工作者的形象地位，强化与高校师生和网络网民的动态互动，不断提高教育工作者的获得感和成就感。要通过设置专项奖励，鼓励教育工作者主动换岗轮岗，强化复合型人才培养的保障激励作用，为承担创新试点等攻坚任务人员落实专项补贴，吸引教育工作者大胆创新、稳步创新，追求更高流量、更好效果的教育实践。要用好精神鼓励，通过设置优秀教育工作者、优秀教育团队等富有鲜明个性化特色的表彰奖励，让能力出众、实绩突出的个人和组织从幕后走向前台，发挥典型示范作用。

四、本章小结

大数据时代，高校网络思想政治教育要积极培养和发挥主动性、创造性和超越性，推动教育实践更好发挥铸魂育人、立德树人作用，要求教育主体能够深度融合教育专业素质和数据技术素质，善于广泛采集师生的网络痕迹数据，以此映射思想状态，了解师生真实情感状态，为实施教育引导提供基本依据。在此基础上，主体要针对网络教育引导的开放性和灵活性，强化数据素养探索和建立个性化、精准化和体系化教育新路，开创高校网络思想政治教育新的更好局面。与"线下"教育相同，"线上"教育同样需要开展谈心交心，只不过由"一对一""面对面"转变为"多对多""键对键"，主要以评论、留言、点赞、转发、跟帖等形式开展，信息交互的随机性和不确定性没有改变其重要地位和基本规律，要求教育主体能够依靠数据智能从海量纷杂数据中探明客体的谈心需求，并以"陌生人"身份做到"老朋友"的敏感和直觉，准确识别客体情绪状态，在谈心中引发共情共鸣，建立相对牢固的情感联系，并运用数据智能为解决客体现实困境提供必要的指导帮助。教育主体肩负着思想教育引导重担，不应以经济收益和个人得失为追求，要在数据采集开发中坚持伦理要求，塑造良好形象、树立教育权威，本着公平原则消除数据鸿沟，促使数据红利辐射全体师生，还要保护数据隐私、避免数据滥用，防止因数据技术介入导致教育引导失衡，甚至偏离价值航道。对教育主体素质能力的培养和塑造，不能片面局限于个体，而是要构建主体团队优化教育能力，要在现有育人体系中强化数据素养培训，为教育主体打牢数据基础，进而通过引入大数据相关专业人才建设复合人才队伍，提升整体开展数据驱动优化教育实践的主体能力，并通过完善配套保障措施强化各主体自主意识，促进不同主体能力融合发展，促使主体自觉培养"一专多能"，提高开展高校网络思想政治教育的实际能力。

第五章 数据驱动的高校网络思想政治教育方法优化

思想政治教育方法是指教育主体为达成教育目的而采取的各种手段、方式、措施的总和,是推动教育实践运行的"桥梁"和"纽带",是达成教育目标、控制教育过程和保证教育效果的重要因素。为了有效利用数据优势提升高校网络思想政治教育效果,必须立足新技术新手段深度优化传统教育方法。在继承传统网络思想政治教育方法基础上,着眼大数据时代教育思维、理论以及新技术应用,进行数据化、智能化改造升级,充分发挥大数据技术在描述、预测、决策等方面的突出优势,驱动高校网络思想政治教育方法细致入微了解教育、智能便捷实施教育、动态可持续研究教育,不断推进高校网络思想政治教育方法更加适应时代发展需要,提高对教育客体的吸引力、影响力和感召力。在此基础上,重点把握新技术条件下新兴教育方法的体系化数据化改造升级,切准数据优化关键节点,以期为具体教育优化提供借鉴。

一、方法优化是实现教育预期的有效措施

思想政治教育方法,对于实现思想政治教育目标、完成思想政治教育任务以及保证思想政治教育效果具有重要意义。方法优化要深入研究

和深刻揭示教育规律，针对教育客体的现实需求和发展要求，在思维理念指导下，创新应用数据技术提供优化支撑，使教育方法更加符合时代特征，发挥教育引导与转化功能。

（一）达成教育目标的重要手段

教育目标是高校网络思想政治教育的初心，必须明确铸魂育人、立德树人、为党育人、为国育才的总体目标和根本任务，教育实践活动在总体目标指导下，具有不同侧重面的微观目标，如提高理论水平、培塑核心价值观、建立高尚思想道德标准、警醒安全意识、激发良好学风考风等。而教育客体的精神和物质条件改造，无法依靠客观世界的自运行而满足，也不能寄希望于客体自发而形成，必须依靠教育主体的对象性活动才能实现，因此必须建立与教育目标相适配的教育方法。

教育目标的确立需要参考教育方法这一现实条件。教育目标本质上是教育主体在头脑中对教育活动建立起来的一种希望和需求，源自自身阶级的价值观念和利益倾向，但不完全依靠主观自生，而是根据现实客观物质世界的真实情况所产生。特别是对于微观层面的教育目标，一定是根据现实的教育环境，以教育主客体的现实情况以及对教育方法选择运用的基本预期为基础而确立的，受到教育主体对教育方法理论认知和实践经验水平的影响。不同的教育方法适合不同的教育目标，例如，解读讲授法适合传达科学理论和专业知识，以客体理解掌握理论知识为目标，案例警示法适合宣传具有警醒作用的事故、案件等，以客体形成警惕和防范心理为目标，因此为了确保教育效果，在确立教育目标时必须考虑潜在的教育方法。教育方法与教育目标是相互影响的。在实际工作中，教育目标的达成往往需要多种教育方法相辅相成，共同发挥教育作用。例如，希望教育培养师生的创新精神，就要清晰认识师生的创新能力现状和对创新能力培养的主观期望，还要开展理论武装、典型示范和实践交互,在教育过程中,教育方法和教育目标相互影响、互相作用。毫无根据的教育目标将不可避免地导致教育活动失范,在实际运行中丧失目标的牵引和指导作用,致使教育活动无序开展或者乱序运转,使教育客体作为教育活动的直接对象,丧失对教育主体的信任情感和价值认同,导致教育实践失效。

教育目标的实现需要依赖教育方法这一现实力量。教育目标与现实状况之间存在的不一致正是教育主体必须通过教育方法进行干预改变的部分,教育主体无法直接控制教育客体,而是通过选择合适的教育环境和教育时机,综合运用教育方法构设教育情景、改造教育内容,将教育主体的教育意愿通过客体直接感知到的教育活动作用于客体本身,使客体在网络生活中自主选择、参与、评价、推广教育活动,并在这种互动活动中接受并内化教育主体传达的思想观念,完成对自身的思想改造和行为再造。教育主体创造和使用教育方法都是为了实现既定的教育目标,教育方法是否适配、教育方法运用是否合理等评价方式,都是潜在地对教育方法能否有效实现教育目标所进行的客观评价,教育方法只有被有目的地使用出来,教育方法的作用才能够在适当时机通过与教育客体的对象性活动表现出来,教育方法的价值也才能在教育客体的思想变化和行为表现中外化出来。毛泽东曾指出,"我们不但要提出任务,而且要解决完成任务的方法问题。我们的任务是过河,但是没有桥或没有船就不能过。不解决桥和船的问题,过河就是一句空话。不解决方法问题,任务也只是瞎说一顿。"[1] 这一比喻,生动具体地说明了如果不能有效解决方法的选择和运用这一现实力量,那么空喊过河的目的就没有任何意义。对大数据时代条件下的高校网络思想政治教育而言,为了达成普遍公认的教育总目标,就必须根据不同场景和客体特征确定教育分

---

[1] 毛泽东. 毛泽东选集:第一卷[M]. 北京:人民出版社,1991:139.

目标，并为之设计优化数据驱动的教育方法。

　　教育创新源自目标和方法的相互推动。设立教育目标要充分参考潜在传统教育方法的可能性和可行性，并且教育目标要具备一定的超越性。教育目标的超越性驱使教育主体在教育活动过程中主动针对教育环境的时代变化、教育客体的现实需求创新创造方法手段，教育方法的创新优化又带动教育目标的变更升级，在这种相互推动作用下，实现持续教育创新。对高校网络思想政治教育而言，数据技术在相关行业广泛应用中表现出的新理念、新方法，促使教育主体有选择性地引入数据驱动的教育方法创新，例如，电子科技大学根据大数据分析学生的兴趣偏好、学习能力、生活规律、行为习惯等若干数据，对学生进行个体数据"画像"，开展学生成绩排名预测、课程挂科预警，预测结果和实际结果的吻合度可达90%以上，为开展针对性教育引导和教学辅导提供依据。[①] 西安电子科技大学紧密联系"三微一端"宣传阵地，优化教育舆情监测、研判、报告、处置等流程机制，利用大数据等技术手段实时掌控舆情发展态势，快速预警，快速处置，积极引导学生价值观成长。[②] 数据驱动教育方法的兴起和应用又牵引着教育目标的升级变化，例如，中国传统育人之道提倡"因材施教"，要求教师根据学生的不同特点选择合适的教学方法，但网络思想政治教育虚拟化、去中心化和圈层化的教育条件，导致其难以真正落实。而大数据技术发展所带来的用户画像、智能推荐等技术创新，使高校网络思想政治教育具备了针对个体差异开展教育引导的能力，进而产生了"精准思政"等新理念新目标，

---

① 中华人民共和国教育部.电子科技大学大数据助力学生工作［EB/OL］.（2016-05-03）［2023-04-23］.http：//www.moe.gov.cn/jyb_ xwfb/s6192/s133/s211/201605/t20160503_ 241703.html.

② 陕西省教育厅.西安电子科技大学探索智能教育"六新"模式［EB/OL］.（2023-02-22）［2023-04-23］.http：//jyt.shaanxi.gov.cn/jynews/gdxx/202302/22/129370.html.

也对教育实践提出了更高要求。

(二) 控制教育过程的重要联结

教育主体凭借主观意愿开展包括自我教育在内的教育实践活动，以及教育客体在主体指导下自愿开展的学习和接受活动，最关键的是主客体间的实践互动，即教育过程。教育方法以教育内容为信息输出和展示载体，以教育情景为信息对比和流转载体，以主客体间通过具体教育活动构设的互动关系为重要联结，并持续强化主客体间的情感联结，确保教育过程有效推进。

主客体间的教育实践联结。教育主体通过一定的教育方法将教育内容通过载体有效传导至教育客体，并引导教育客体完成学习并达成教育目的，思想政治教育过程才实际完成。解析高校网络思想政治教育过程，教育主体是教育活动主导方、组织方和实施方，决定着网络思想政治教育遵循的一般原则，虽然要与部分自媒体等教育客体竞争网络流量，但具有客体无法比拟的教育信息发布权和管理权，而教育客体作为接受教育的被动方，虽然在网络空间中拥有更加自主可控的选择权，但在网络场域中无法完全隔绝教育信息，具有一定程度上主动参与教育活动的意愿和动力，而二者之间的教育实践是通过教育方法联结在一起的，教育主体运用认识方法了解客体状态和需求，在具体明确的教育目标指导下，利用实施方法对客体进行理论说服、教育引导和实践体验，最后通过评价方法反过来评价教育主体自身的教育行为是否科学高效。为了更好实现教育主体与客体间的教育实践联结，教育主体必须针对教育目标和教育客体的实际情况精心设计和选择教育方法，特别是要着眼网络场域和数据技术创新带来的发展机遇和现实影响，对教育方法实施创新优化，促使教育客体能够与教育主体建立起或显性或隐性的亲密适配教育互动关系，推动教育实践高效运行。

141

主客体间的教育情境联结。动态运行的高校网络思想政治教育要在特定情境下运行，对教育客体而言，教育情境是激发客体兴趣和提高教育代入感的重要因素之一。教育情境需要教育主体主动构设，在教育主体与教育客体间建立情境联结。教育情境不等同于教育环境，主要针对的是微观层面的教育实践活动，例如，现实空间开展理论教育时所利用的教室、桌椅等物质条件，或者教育主体面对教育客体通过讲故事、抛问题等方式，将客体吸引到"主体说—客体听"的单向教育说理过程中所营造出的教育教学氛围等，都属于具体的教育情境。教育过程中，教育客体首先要融入教育情境，才能够与教育主体完成具体的教育互动，这就依赖于教育方法将教育主体与客体进行情境联结。此外，在教育过程中，教育客体还时刻与教育情境发生互动关系，这种互动关系在网络信息发布和传播自由的权利追求影响下，所产生的客体评论信息、行为信息等，又成为不被教育主体直接控制的教育情境，对教育过程发挥着能动反作用。这就需要教育主体选择不同教育方法对客体产生的网络教育情境实施干预、治理和疏通，比较常见的方式是舆情管控治理，如删除不良信息、发布权威信息和引导舆论导向等，使客体在自己产生和影响的情境中再次接受教育干预和强化。总体而言，教育主体要通过教育方法调整教育情境，以此建立主客体间的教育互动，提高教育客体参与教育实践的参与感、获得感和主动性，并最终实现教育引导内化。

主客体间的教育情感联结。高校网络思想政治教育主体与客体间以高校为范围开展信息互动，虽然存在对高校本身的情感认同，但网络空间虚拟化、符号化的交流交往方式，冲淡了传统思想政治教育主体与客体间产生的具象情感信任关系，网络间教育互动更多表现为瞬时化、碎片化特征，客体对网络思想政治教育主体缺少紧密情感。特别是客体对传统教育主体权威过当所产生的排斥心理,以及网络纷杂信息的刻意扭曲和泛娱乐迎合,要求科学运用教育方法,逐步与客体建立情感联结。在网络空间开展理论教育更加要求说理彻底,教育主体要改变传统理论教育教学方式,更加尊重教育客体主体地位,采取对话式、辩论式、故事式等叙述方法,按照教育客体的思维逻辑细剖理论,特别要通过适当方式先掌握教育客体对理论的理解程度,从教育客体已经认同的理论内容中明确教育支点,再逐渐进行扩散充盈,赢得教育客体的信任与支持。要注重运用内隐性教育方法,紧跟网络信息表达方式新趋势,创新应用二次元文化、弹幕文化、游戏文化和直播文化等网络空间"顶流"模式,促使教育客体在信息浏览和情境沉浸中趋向情绪感化和理念同化,在较为强烈的情感状态中潜移默化地接受教育内容所传导的教育价值。教育主体要尽量避免直接否认教育客体对某类信息产品的沉迷,要通过向教育客体展现正能量文化产品逐渐提升教育客体审美能力,以长时间的正向引导代替短平快的删除管控,与教育客体建立起长期牢固的情感关系。

(三) 确保教育效果的重要条件

科学的教育方法通过精神感召和物质激励等方式对教育客体的思想和心理施加影响,为教育活动获得最终效果提供条件和保证。对具体教育活动而言,正确选择合适的教育方法是确保教育效果的前提之一,确定合适的应用时机则保证了教育方法能够发挥应有效果,科学地运用教育方法决定了教育效果能否达到预期。

正确选择方法。在思想政治教育的实践中,方法一旦确定下来,思想政治教育活动的整体方向也将被明确。[1] 因此,选择正确的教育方法

---

[1] 张耀灿,郑永廷,吴潜涛,等. 现代思想政治教育学 [M]. 北京:人民出版社,2006:11.

对教育最终达成效果至关重要，如果主体在选择教育方法时存在偏差和失误，那么教育活动就会事倍功半，而如果采取了错误的教育方法则可能发生教育事故，非但不能发挥应有的教育效果，反而会起到相反作用，引发客体不满甚至失望。对高校网络思想政治教育而言，教育主体必须彻底放弃传统单向灌输和引导的教育方法，要尊重教育客体在网络场域活动中所享有的自由选择权利。面对涌来的海量信息，教育客体通常会根据个人思想情况、兴趣爱好和行为习惯进行辨别和选择，特别是在短视频时代，泛娱乐化信息充斥网络，严重挤压了思想政治教育信息空间，而短视频、3D交互、社交互动等信息交互方式，也完全超越信息搜索、信息查询和信息浏览等传统网络思想政治教育方法所采取的基本模式。在这种情况下，无论是开展显性教育还是隐性教育，都要求主体根据教育目标适当选择教育方法，并进行针对性创新优化，以适配教育内容并满足教育客体对教育实践活动的基本要求。网络空间赋予教育客体的自主选择权，也强化了圈层固化作用，一方面使教育主体能够与客体建立相对稳定的教育教学关系，并确定普遍适用的教育方法，另一方面，圈层间不同客体对教育方法的要求和期待差别较大，盲目更新教育方法可能会导致教育客体圈层解体和散失，迫使教育主体要更新现行广播式信息投送方式，着力改变单一客体能够浏览全部不同风格信息的局面，改为更具针对性、设计性的信息展览方式。

适时把握方法。教育实践过程中，除了要选择正确的教育方法，还要掌握准确的实施时机。对同一种教育方法，在不同教育背景中实施时机不同，教育效果也将完全不同。网络空间各类信息快速生产、传播、灭失，总体呈现出正向信息和杂音、噪声交织的特征，甚至很多虚假信息、诈骗信息、蛊惑信息等甚嚣尘上、大肆传播，给高校师生的生理心理健康带来了很大威胁。纵使信息迭代频率快、存活时间短，但不良信息只要进入师生视野就将带来影响，特别是部分迎合受众猎奇心理宣传不良言论的信息，一旦处理失当，将会在教育客体心中留下难以改变的思想"锚点"。此外，海量信息生产迭代过程难以做到逐一审核，宏观上网络空间总是充斥大量负面信息。因此，教育方法选择和实施的良机稍纵即逝。在海量信息冲刷下，教育客体在浏览当前信息刚产生好奇、疑惑等心理时，本是推送相关理论创新成果的最好时机，但很容易被后续紧跟的娱乐性信息所影响，进而使客体迅速遗忘并放弃对相关信息的追查。在网络社交性信息传播模式下，带有价值偏差的网络谣言等不良舆论信息能够迅速网系传播，甚至"三人成虎"，而相对应的权威解读和正面发声的教育信息由于不够有噱头，传播效率相对较低，并且部分阅读者更倾向于自我掌握，而不愿进行二次转发扩散，因此，应对不良信息要尽早展开扩散控制和正向引导，才能有效降低危害。随着网络信息传递更加贴近现实生活，大众越发习惯虚拟现实二维融合的工作生活状态，这就要求教育主体抓住重大事件、热点事件及时开展报道、评论等宣传教育活动，确保党的声音始终成为网络最强音。

科学运用方法。思想政治教育方法各有特点，每一种方法都有特定的运用背景和时机，在实施过程中也要遵照内在规律，按照科学的步骤和节奏有效运行。高校网络思想政治教育的认识方法，要在网络空间获取教育客体的教育信息，无论是问卷调查法、网络观察法还是数据采集法，都需要针对网络特点对现实空间的方法手段进行改造优化，特别是收集教育客体数据，不同于现实空间通常采取的由师生填写数据表格等方式，而更多关注在法理伦理和情理道德的约束下，潜藏式采集教育客体的网络痕迹数据，这既要求针对教育实施方法明确数据采集的范围和方式，同时也要注重运用数据埋点等自动化手段采集教育客体的真实数据。网络云课堂、网络直播教育等活动,是通过网络开展教育宣传的重要方式之一,面对深受网络多元思潮影响的师生群体,稍显直白和夸大的表现形式容易引起解构和怀疑,往往大幅降低教育引导效果,因此在进行典型宣传和理论灌输过程中必须始终坚持"用真理说服人,用真情感染人,用真实打动人"。如果教育客体在参与网络教育课程学习时,没有像浏览其他信息一样通过评论、弹幕等途径发表个人见解,而表现出现实教育活动中单纯"倾听"状态,那么教育实践就没有正确发挥应有作用。当教育主体透过网络与教育客体进行互动交流时,教育客体会不自觉地类比自己在观看直播、短视频等活动中得到的尊重地位和互动权利,以及即时得到针对性、专业性解答的获得感,产生对网络教育活动的新期待和新要求,只有教育客体得到有效满足,教育互动才能取得应有效果。

二、数据驱动的高校网络思想政治教育方法优化路径

高校网络思想政治教育方法具有鲜明特点,具备数据驱动赖以实现的数据和算法基础,正确发挥由此带来的思维和技术优势,在教育准备阶段深度嵌入用户画像,深入了解教育客体并指导教育决策;在教育实施阶段善用巧用数据智能,提升教育的针对性和实效性;在教育过程中依靠数据计算展开研究,探索教育实践创新潜能,才能取得大数据条件下高校网络思想政治教育方法优化的预期实效。

(一)教育准备深嵌用户画像

思想政治教育面向每一名教育客体进行理论灌输和思想引导,在教育准备阶段能否准确了解教育客体宏观和微观情况,是能否保证"因材施教"的重要前提。用户画像技术通过采集对象的多维数据,对特征属性进行标签化刻画,进而对标签进行统计分析、规律发现和价值挖

掘，从而抽取出对象的信息全貌①，为教育实施、教育评价等提供数据准备。

广域采集数据，夯实画像基础。广域采集教育客体数据是确保用户画像质量的重要基础。与网络电商零售、短视频平台等以用户在单平台的行为痕迹为数据来源不同，高校网络思想政治教育客体的用户画像必须打破"数据壁垒"，跨平台进行数据采集和数据汇总，以确保用户画像不是单纯反映教育客体的单维兴趣爱好，而是能够完整反映教育客体的思想和心理状态。例如，教育客体在网络电商平台中的购物习惯被标定为一个注重居家生活质量的中年女性，而现实可能是学生长期代替母亲完成网络购物，而自己则习惯于在另一个平台购物或使用其他账号购物等。此外，同步采集教育客体线上和线下数据也是高校网络思想政治教育数据采集的重要要求之一，网络虚拟生活从与现实生活的割裂状态，正逐渐向虚实二元对立统一状态转变，特别是当教育客体的基本身份信息和网络账号信息能够一一对应时，教育客体的用户画像将无限趋近于现实真"像"，因此，高校网络思想政治教育数据采集要尽可能做到对教育客体网络平台账号以及现实数据的采集汇总，实现全域全时覆盖，例如，利用网络完成搜索导航、社交网络、学习教育、影音娱乐、网上购物等信息，以及现实生活的数据化反映，例如，位置轨迹、常用地址等，将相关信息按照时序进行标准统一、清洗筛选和存储共享，以便整合不同领域数据，并依托大数据知识融合技术实现不同信息间锚点定位和图谱匹配融合，进一步构建成没有冗余杂音的网系数据图谱。此外，建立统一的数据标准和传输技术，使数据能够在多接口间快速完成调用、分发、传输和处理，更好服务用户画像构建。

---

① 赵宏田. 用户画像：方法论与工程化解决方案 [M]. 北京：机械工业出版社，2020：1.

系统设计标签，提高画像质量。开发标签体系是决定用户画像质量最主要的环节之一，需要在准确、完善的原始数据指标体系基础上，进行高校网络思想政治教育相关业务含义的概括性描述。原始数据指标体系主要包括用网师生的属性数据（如年龄、性别、岗位、年级、专业、常用账号、用户名等）、行为数据（如某平台访问次数、访问时长、访问频率、偏好题材，以及学习成绩、社团活动、行动轨迹等）、互动数据（如对某平台素材进行点赞、收藏、分享、搜索的记录，以及不同个体间信息交流频率、强度、流量、方向等）。将上述数据指标中的统计类数据直接转化为统计类标签，用于客观描述客体在网络教育活动中的客观状态，如对客体完成的思想政治教育类课程的课程名称、类别、成绩等数据进行统计标签刻画。对部分统计类指标进行主观因素判断和标准化分类，开发成为规则类标签，例如，针对教育客体浏览"学习强国"APP的最近一次浏览时间、在一定时间段内的浏览次数、在一定时间段内完成的浏览素材数等数据，进行组合后将客体划分为十分活跃、活跃、不活跃等活跃度不同的群组，或者根据师生在网络思想政治教育工作中的现实分工，针对在单次教育实践活动中的表现，标注为不同行为角色等。借助于特征工程和算法模型等多个开发环节，可以构建算法类标签，在海量数据基础上形成自动化、智能化的标签赋值，例如，通过网络课程的学习情况预测客体的理论水平等，除此之外还有支持实时数据反馈的流式计算标签等多种标签。各类具有时序价值的数据标签，共同构成了教育主体和客体的用户画像，这种细致完善且能够被计算机识别的教育认识结果，为实施教育引导和评价反馈提供现实依据。

多维功能开发，务求画像实效。开发用户画像后所形成的标签数据，必须嵌入具体的高校网络思想政治教育活动中，才能发挥应有的价值和作用。其中最基础的是即时查询功能，主要为数据分析人员提供实时数据查询服务与客体参与网络教育行为维度相关数据，帮助数据分析人员掌握教育客体参与网络思想政治教育行为数据，支持数据分析人员使用 SQL 查询语言进行查询，或者通过 Tableau、Power BI 等数据可视化工具，将数据转换为可视化图表和报表，以便数据分析人员更好地理解和分析数据。标签视图与标签查询功能主要面向思想政治教育业务工作者，通常可采取可视化图表等形式将全部标签数据进行层级化、分类化展示，供教育主体了解掌握教育客体的具体情况。教育主体可以查看标签详情，了解某属性类目下各标签覆盖客体情况，例如，选择"关注类型"标签，能够查看全体师生所关注各类型媒体平台账号的数量分布，也可以查看多标签之间的数据关系，例如，高校微信公众号运营人员可查看"关注用户数"和"职业"标签，了解师生群体关注本校公众号的实际情况。标签视图还可以通过对标签数据的实时更新，提供标签监控预警功能，例如，学生群体对本校公众号的关注数量发生较大比例波动，特别是大量取消关注时，需要教育主体排查当日信息发布等行为是否存在异常。用户分群功能面向教育业务工作者，教育主体在理论和经验的双重指导下，明确圈定不同圈层规则，通过标签数据的组合、筛选和提取完成对教育客体的分类，进而透视分析不同圈层的教育客体。在此基础上，对群体内部的多维标签数据以及不同群体间的标签数据，进行可视化对比分析，方便教育主体动态掌握客体的群体特征，提高教育针对性和精准性。

（二）教育实施善用数据智能

高校网络思想政治教育实施重点在于契合网络空间的规律特点，无论是网络辅导还是媒体宣传都要坚持隐性原则，善用数据智能将教育融入客体自发选择的日常信息接收方式中，通过"润物细无声"的信息传导赢得教育客体思想认同，通过"耳濡目染"的价值传导建立教育客体信仰。

深挖数据价值，推动内容创作创新。对教育客体而言，激发思想共鸣的关键在于内容，开展高校网络思想政治教育更要求内容引人入胜、发人深省。数据技术带来的文本量化分析，能够通过分析文本中字、词和上下文间的逻辑关系和意义表达，深度挖掘语义价值，随着神经网络等算法升级和数据算力大幅提升，出现了以 ChatGPT 为代表的基于文本理解生成的大语言模型。对教育主体而言，面对网络上的海量文本数据，可以依托数据分析工具直接提取文本标签，进而全面了解网络观点发展现状和趋势。这种在海量数据"喂养"下形成的"相关关系"或"概率统计"式"智能"还能够辅助教育内容创作创新。在选定教育题材基础上，采取"智慧+智能"相结合的生产模式，依托人的"智慧"在大数据知识融合图谱协助下发掘创作素材、梳理故事脉络、促进艺术升华，并负责审核把关政治立场和政治方向，避免出现细节失真与叙述偏差。训练"智能"参照教育目标受众既往浏览、评论、分享、留言等所反映的兴趣偏好，筛选新的史料素材、新的叙事角度或新的表达形式，提升内容创作创新水平，完成素材取舍和艺术再加工。针对当前视频化、碎片化的传播模式，探索构建"智慧"主导、"智能"实施的遴选机制，依据传播规律预判流行趋势，从经典传播内容中精选片段，辅以体验感强的叙事策略和表现手法，确保教育短视频一经制作推出便能直抵灵魂深处、引发情感共鸣。

发挥数据智能，打造专属传播路径。高校网络思想政治教育要求通过教育客体惯常使用的信息传播路径完成内容投送，特别是师生在移动互联网络中，已经趋向于接受被算法主动推荐所构设的"信息茧房"，并乐于将碎片化时间和休息娱乐时间花费在游戏、短视频、网络购物、娱乐资讯等方面。如果教育信息不能与智能化信息推送方式相适配，就难以有效突破当前泛娱乐化和圈层固化逻辑下的流量导向，迫切要求畅通教育信息与教育客体间端到端的传播链路。积极运用5G、区块链、物联网等技术重塑互联网底层技术架构，建立多端矩阵间高速、稳定且可控的信息传输链路，在确保教育信息不失真、不失责的前提下，打通高校自主生产教育产品直抵受众的"最先一公里"与"最后一公里"。精准识别受众需求状态和所处场景，结合对教育内容的标签化判断，针对性调用高校自主控制的智慧屏显宣传栏、APP启动界面等私人关注的潜在"阵地"，实现大屏小屏一体联动、全面覆盖，让教育产品传播更加合乎受众"口味"，更好发挥德育功能。采取有力措施，防止各类互联网媒体平台在建立传播渠道时通过"诱导沉迷"等不合理智能算法分配网络流量，导致压缩思想政治教育产品的传播空间，反之，引导相关平台通过优化信息推送策略，针对教育客体，特别是需要重点教育引导的客体，将教育主体制作和挑选的针对性教育产品突出显示在客体网络端口的头条头版、主屏主页。着眼互联网各商业媒体平台信息智能推荐功能，积极探索并建立完善专门的制度机制，为有利于大众思想政治教育引导的传媒产品制作方提供认证服务和激励政策，赋予传播渠道优先权和通达权，确保相关教育信息能够持续、稳定、高效触达受众，形成风清气正、健康向上的教育大环境。

加强数据管理，突出实践育人作用。教育客体的价值信仰、思想认识、意志品德除了在教育中通过习得认同和感召内化外，还依赖在具体实践中感受、培养和强化，教育主体通过数据驱动的网络实践能够让客体在切身参与中主动发掘教育意义，深刻理解教育逻辑。以高校网络思想政治教育数据管理平台为基础，通过全面掌握教育客体用户画像和教育实践活动的实时数据，构建数据驱动的网络实践育人体系，将客体数据与活动数据融合处理分析，通过数据管理提高教育活动的科学性和针对性，同时也间接对教育客体的参与行为实现监督、管理和提醒，破解传统网络教育活动中教育客体广泛分散、活动管控松散等问题。建立实时更新的可视化数据反馈模块，为教育主体在线指导活动全过程、掌握参与活动全员状态提供数据支持，通过数据管理，精准把控教育活动进程，了解教育教学效果，及时调整活动内容和方法，提高活动质量和效率。教育主体要针对教育客体特点，筛选活动整体数据、教育客体集体数据和客体个人数据中的必要部分，组合成数据仪表投送至教育客体，使教育客体能够实时掌握自身在参与教育活动中的数据指标状态，进而对标自觉调整教育态度和实践行为。对教育管理主体而言，通过对网络教育实践活动的数据分析，能够更加宏观掌握筹划设计活动的时机选择、主题确定和方法优化，也能够从活动的科学调控和实时指导过程中，发现普遍问题和大众规律，驱动后续教育实践工作和数据建设工作的发展创新和集中攻关。

（三）教育研究依靠数据计算

高校网络思想政治教育作为受到大数据、人工智能等新兴信息技术影响最深的教育形式之一，教育要素发生了重要变化，相互作用形成复杂的教育系统，各要素之间相互联系、相互作用，具有整体性、目的性和动态性特征。与传统教育研究不同，对高校网络思想政治教育而言，来自思辨、经验及部分碎片化的实证研究难以满足实际需求，需要教育研究与时俱进地把握数据技术带来的教育计算范式和数字孪生技术等，提高教育研究的可靠性和有效性。

密集型数据计算实现实证研究。吉姆·格雷（Jim Gray）提出，科学研究范式从实验科学、理论科学、计算科学之后发展到数据密集型的第四种范式。① 对计算教育学而言，在发展过程中呈现出第三范式和第四范式同时兴起和协同并进的趋势。② 教育计算将在数据密集型研究范式的指引下，摆脱传统思辨研究方式的桎梏，帮助教育研究者更深刻地透析教育系统，更清晰地表征和理解学习主体的行为及认知，从而推进教育理论创新和教育实践发展。③ 网络思想政治教育作为依托网络开展的教育实践活动，与传播学、社会学、心理学、教育学等学科息息相关，数据密集型的教育计算对学科研究和实践研究而言都有着不可替代的科学价值。对网络在线课程学习进行数据计算，通过教育平台系统日志数据、互动文本数据等从不同维度建模分析学习者的学习行为，为教育主体掌握教育客体的认知规律、学习动力等学习机理进行分析、诊断、评价，还能够借助各类传感器自动记录教学环境数据并自动感知教育客体的生理状态、行为状态等，为学习机理研究增加情感和认知等数据样本，针对不同教育场景，为教育客体定制教育服务，提前预测、实时记录和事后分析，指导教育主体更加灵活高效地掌握智能化学习服务的可能性和可行性，提高教育实验效率。对网络媒体生产的具有思想政治教育意蕴的媒体信息进行传播学计算，通过网络服务器日志数据、网页数据和在线实验数据等，探求相关教育信息在高校师生及大众群体中的传播行为，挖掘传播行为背后的模式、规律和机制原理，为教育信息的创作、分发、营销和反馈等工作提供理论指导和实证研究借鉴。依据教育信息传播范围，对教育客体进行圈层分类，反映圈层内部的信息传播关系，教育主体和教育客体在多圈层间的数据流又能够为教育主体将

---

① 海伊. 第四范式：数据密集型科学发现［M］. 潘教峰，张晓琳，译. 北京：科学出版社，2012.

② 郑永和，严晓梅，王晶莹，等. 计算教育学论纲：立场、范式与体系［J］. 华东师范大学学报（教育科学版），2020，38（06）：8.

③ 刘三（女牙），郝晓晗，李卿. 论教育的可计算性［J］. 电化教育研究，2023，44（03）：5-12.

教育信息传播抽象化、数字化、公式化提供有效依据。

想法流数据挖掘揭示现实规律。高校网络思想政治教育参与者在网络场域中表现出相对固定的虚拟社会关系，网络信息传输也为教育参与各方提供了平等、即时的信息互动机会。特别是在以高校为主导的媒体平台和账号中，现实中的教育主客体关系直接映射在虚拟空间，产生了具有极强社交纽带和高校标签的网系关系。在以大数据技术为主要驱动力的社会物理学科视野下，教育参与各方之间的"想法流"成为研究虚拟社会中组织凝聚力、群体智慧、集体智能等的关键要素。彭特兰（Pentland）将"想法流"定义为"行为和信仰通过社会学习和社会压力在社会网络中的传播"[①]。在教育实践活动中，"想法流"表现为教育主体对客体进行的信息传输和思想引导，反之教育客体又对主体存在信息和思想反馈作用，教育主体与主体间存在教育合作、信息呼应、观点声援等信息关系，教育客体与客体间存在观点交换、评论辩驳、同类聚集、异类对抗等社交关系，多方信息互动关系中，"想法流"的网络化传播结构、传播速率以及客体的"易感性"都成为刻画反映和研究分析高校网络思想政治教育规律和机理的有效抓手。在此基础上，通过对教育虚拟社会关系"想法流"的干预调整，能够有效提升教育效果，如建立教育参与各方的平等互动和充分信任的伙伴型关系，主动在相对静止的社群关系中引入"新想法"来避免"回音室效应"，在主流价值导向基础上注重多样并存的辩证统一关系，都能够发挥社会物理学带来的新视角和新理论对教育效果提升的指导作用。

全周期数字孪生支持虚拟实验。数字孪生（Digital Twin）即"数字双胞胎"，是指物理世界和虚拟世界平行、共在，并且虚拟世界是物

[①] 彭特兰. 智慧社会：大数据与社会物理学[M]. 汪小帆，汪容，译. 杭州：浙江人民出版社，2015：30.

理世界的真实映射。① 通过对教育活动参与者和教育环境的数据化还原和呈现，构建一个物理现实世界的虚拟模拟"镜像"世界。教育实践的数字孪生主要依据历史大数据构建物理实体的数据化虚拟实体，在此基础上，利用机器学习等方法组建虚拟实体的行为、规则等算法模型，赋予虚拟实体独立的运行能力。对各类数据、模型、算法进行服务化封装，作为支撑数字孪生内部功能的技术性服务，支持数字孪生空间开展教育实验。构建网络空间中物理实体与虚拟实体间信息联络通道，通过物理传感器等电子器件实时获取现实空间中参与网络教育活动的教育客体数据变化，通过 API 等数据接口将网络空间教育主体、客体、介体、环体等数据进行打包传输，指导数字孪生空间的数据更新和数据再造。在数字孪生世界开展教育实验，根据教育研究者特定的研究目的，控制或创设变量条件，通过虚拟模拟运行产生教育结果，从而验证实验假设，探索教育规律中的因果关系，这种实际验证性的虚拟研究结果反馈至网络空间和现实空间，为教育管理主体掌握教育规律、制定教育决策等提供直观借鉴，也为教育实施主体和自我教育主体修正教育行为、调整教育形态等提供直观参考。数据驱动的数字孪生教育实验过程也必须坚持加强专家学者的经验分析和评估调整，将理论推导和实验模拟相结合，发挥理论指导和实验验证的双向促进作用，提高教育实验的科学性和有效性。

三、数据驱动的高校网络思想政治教育方法优化设想

目前，随着网络思想政治教育方法不断推陈出新，各高校也进行了很多新的尝试，取得了不俗的效果和成绩。在此基础上，基于数据驱动

---

① 董扣艳.元宇宙在思想政治教育中的应用：前景探测、伦理风险及其规避 [J]. 思想理论教育，2022（04）：92.

的高校网络思想政治教育方法优化,特别是具体实施方法,具有较好的发展前景。因此,根据前文的分析论述,进一步拓宽思路视野,提出"数据+直播""数据+媒体""数据+沉浸"三种数据驱动的教育方法升级改造设想。

(一)"数据+直播"升级教育体验

利用网络直播开展思想政治教育活动在全网屡见不鲜,紧跟时代步伐的教育形式在取得突出成绩的同时,也呈现出教育直播目标定位不准、内容选择不好、效果反馈不清等问题,特别是网络直播教育主体正在逐步摆脱"照搬线下教育"的模式,开始尝试平等对话交流的方式,这就更需要借助精准、高效、便捷的数据技术来实现教育效果突破。

精准标定教育需求,深度挖掘潜在客体。传统网络远程教育课程依靠对教育主体和客体附带的行政关系,能够确保教育客体按时加入"会议"平台参与网络远程教育活动。而高校网络思想政治教育开展的直播教育活动,则采取"市场化揽客"方式,通过张贴海报、社交分享等方式邀请师生自愿参与。不同类型的教育主播选择不同的教育主题、教育风格和教育方法,也就吸引不同的受众群体。因此,为了增强直播教育在师生群体中的传播力和吸引力,教育主体就要根据师生群体的用户画像,区分不同维度进行深度洞察,了解和掌握目标师生的特点特征,针对性进行营销预热,引导已关注的师生主动在社交圈进行分享传播,结合外部宣传和内部引流,实现低成本高效益的宣传推广,并深度挖掘潜在教育客体,吸引师生参与到直播教育活动中。当大量师生预约关注教育直播间之后,教育主体对客体用户画像进行深度分析,了解掌握客体的群体特征、兴趣偏向和教育诉求,对直播教育提纲和素材进行筛选修订,调整教育"主播"的话语风格和叙事角度,并提前设计好引导客体参与讨论的话题,主动将教育客体从"台下"的听课者拉到"台上"来发表观点，进一步拉平教育主客体地位，促使客体边听边思考边互动边领悟。

智能推送教育素材，提高主体教育能力。直播教育不是单纯地把既定线下教育移植到演播间，把听课人码在屏幕前，而是教育主体在与客体不断互动中开展教育引导。对教育"主播"而言，很难像传统课堂授课一样提前准备好教案内容，上课时娓娓道来即可，而是要不断地回应客体通过弹幕、留言等形式发起的提问和表达的观点，并通过话语"策应"客体之间的讨论①②，这就对教育主体的理论功底、知识储备、案例积累和应变能力提出很高要求，为了更好地保证教育效果，需要对直播过程中客体发布的弹幕等文本内容进行算法语义理解、数据统计、自动搜索和智能推荐。算法语义理解是借助自然语言处理各类算法对弹幕类文本信息进行文本解析，将相同语义表达的词句进行整合，准确理解教育客体观点等。数据统计是为了从快速在屏幕上掠过的弹幕等信息中择取并统计需要重点回复的观点信息，帮助教育主播更好地捕捉客体的关注点、兴趣点。自动搜索是根据前述数据处理后得到的关键词，在网络空间搜索得到能够帮助教育主播了解掌握与之有关的关键信息，在此基础上利用生成式 AI 模型进行内容创作，形成适配当前直播需求的教育内容，再通过智能推荐算法推送给教育主播，使教育主播在与教育客体的交流互动过程中，不断"信手拈来"具有较强针对性的教育素材。借助数据驱动的教育内容生成和推送机制，将教育主体推拉至具有相对信息差的高位，提高教育的及时性和思辨性，塑造直播教育主体无所不知、言无不深的权威形象，增强对教育客体的吸引力、说服力和感

---

① 岳小琳，胡明欣，雷柱．当"主播"的感觉有点"爽"［N］．解放军报，2021-04-08（5）．
② 岳小琳，雷柱，莫珀滔．军营网络直播：忽如一夜春风来［N］．解放军报，2021-04-08（5）．

染力。

构建智能虚拟主播，满足教育情感需求。当前虚拟智能人物持续走红，甚至出现了虚拟偶像直播。与真人偶像不同，虚拟偶像人物、舞台、灯光等都是由计算机制作模拟的，虚拟化教育主体形象既符合当代高校师生对二次元文化的喜爱特点，又进一步将教育主体符号化，削弱了教育权威属性和地位，有助于教育客体在互动中表达心声。智能虚拟主播可以分为两种：一种通过实时捕获人体数据自动完成动画建模，能够将教育主体的电子影像转化为虚拟形象；另一种完全由计算机模拟生成具备一定通用智能的虚拟形象，能够与他人完成对话互动。特别是当前通用人工智能大模型火热出场，已经具备与人类进行语音、文本交流能力，并能够被赋予不同职业属性，如诗人、教师等，这种智能形象具有较高的可塑性，能够通过改变性格特点和表达风格，最大限度满足教育客体对教育主播的需求和期待。高校网络思想政治直播教育能够创设不同的虚拟教育形象，与客体完成一对一直播教育。例如，创建虚拟心理诊断医生，在与客体交流互动过程中捕获客体的心理状态，并适时提供基于数据驱动的认知心理学心理测试，使客体在较放松的状态下展现真实内心。在法理、伦理允许框架下，为红色英烈构建虚拟智能形象，打造红色文化IP，形成鲜活载体，让每一名受众在穿越时空的"面对面"对话交谈中，切身感受到红色血脉的精神实质，感悟红色传统并自觉继承和发扬红色基因。

（二）"数据+媒体"提升教育质量

社交媒体是高校开展网络思想政治教育最重要的方法模式之一。目前，各高校开通了多平台多账号的网络媒体矩阵，可以利用数据驱动的圈层媒体传播，提高信息曝光效率，发挥意见领袖作用，推动教育信息入心入脑，加强私域流量管理，提高客体留存率。

创新圈层媒体传播。高校网络思想政治教育媒体信息除了前述借助媒体平台提供的优先传播路径实现高势位供给外，还可以通过建立相对独立的师生圈层，实现圈层化精准传播。目前网络教育信息传播主要分为两种方式：一是以微信公众号、网站等为代表的圈层传播方式，用户关注传播账号后能够看到相关信息，且所有用户看到的信息是完全相同的，平台或账号依靠营销手段获取潜在用户关注，如关键词搜索、社群广告、社交分享等；二是以抖音短视频平台为代表的推荐传播方式，用户在不关注媒体账号情况下，仍然会被平台根据兴趣推送信息，当用户关注某账号后，该账号信息的推荐优先级将得到提升。对高校网络思想政治教育而言，创新圈层媒体传播就要结合两种信息传播方式特点，主体通过媒体账号与客体建立"好友"关系，形成单向可控的媒体信息推介渠道，教育主体通过筛选网络空间的教育素材，通过智能化精准信息推荐功能，向圈层内的教育客体主动推送管用、实用又契合兴趣的教育引导信息，使教育主体在互联网商业化媒体平台中，依靠"好友"圈内信息发送主动权，实现教育信息精准推荐。此外，要发挥"好友"圈社交优势，将客体学习情况通过排名、奖励等形式在圈层内予以发布公示，激发圈层内客体的评比意识和学习热情，进一步促使客体积极学习被推送的相关教育信息。

提升教育信息互动。教育客体家庭背景、社会经历等客观条件差异，导致对网络教育信息的接收、理解、内化和偏好等各不相同，而同一个教育客体在高校网络思想政治教育不同平台中，可能表现出性格的不同侧面，共同构成个体完整的人格品质。因此，教育主体要大量汇聚不同平台的教育客体数据，全面分析教育客体的全部数字足迹，分别为不同平台、时段、话题等因素条件下的教育客体标定数据标签，使教育主体在掌握信息互动全局基础上，与教育客体建立动态平等互动关系，指导开展针对性教育引导。网络媒体中的意见领袖是高校网络思想政治教育主体理想的代言人和发言人，能够实现思想政治教育信息的群体性互动，且这种互动关系呈现出单向"灌输"特征，先天具有较强的被信任和被接纳优势，因此，教育主体要通过数据分析，帮助意见领袖获得更多信息优势，进而提升影响力。不可忽视的是，部分教育客体不愿意主动在网络空间表露个人思想和观点，常常满足于信息浏览，而较少进行点赞、转发和评论等操作，与教育主体之间没有直接的信息互动关系，主要旁观其他教育参与方的信息互动。实际上，教育主体在完成与显性客体的教育互动过程中，同时完成对这一默然客体群体的大范围教育互动，这部分教育客体的思想动态、观念看法等可以通过浏览相关教育信息评论等互动信息时的浏览速度、浏览顺序、信息完成率、行为逻辑等数据进行分析判断。

加强私域流量管理。高校网络思想政治直播教育主要面向高校师生，本质上能够低成本甚至免费挖掘具有较高价值的用户群体。但这不代表通过行政管理手段要求教育客体参与到教育直播活动中，就可以保证"直播间"流量和教育效果。特别是面对同时开办多场教育直播，或非强制性参与教育直播等情况时，要想保证潜在教育客体观看直播，就要求教育主体加强对师生网络行为数据的开发利用，针对潜在教育客体特征数据进行精准化数据分析和用户引流，科学选择教育主题、设计具有吸引力的宣传首页等。教育主体要针对教育客体属性与教育目标群体进行动态筛选，对不同直播教育的观众数量、聚焦度、活跃度等进行评估，并对教育客体在其他网络平台发布、转发和评论该直播教育的信息进行联合评价，帮助教育主播进一步细化教育目标画像，快速甄选教育话题和教育素材，提升教育引导的转化率。要进一步强化教育客体的流量裂变，深度挖掘教育客体主动引流的客观动机和潜在教育参与者的教育需求，聚焦相对固定的教育群体强化开展多场次直播教育，形成"滚雪球"式教育主播IP，吸引教育客体转为教育"粉丝"，进一步提高直播教育客体留存率。要主动准确地回应教育客体的隐性反馈和教育诉求，通过对教育客体在不同教育"直播间"的观看轨迹和观看时间等数据，动态掌握目标客体的思维动态，在直播幕后形成对教育客体心理预期的准确预测，进而针对教育客体需求和教育效果等关键因素对直播频率、内容等进行灵活调整，并适当增加娱乐性互动手段，持续强化教育客体黏性。

（三）"数据+沉浸"强化教育效果

沉浸体验大多是以线下接触为基础，但随着行业快速发展，也出现了能够在网络空间完成的沉浸体验项目，如线上沉浸式角色扮演游戏和沉浸式剧场等。特别是近年来，"红色剧本杀""党建剧本杀"风靡全国，并出现了以APP、微信小程序、公众号、微信群等形式的游戏平台，成为高校网络思想政治教育发展新的选择。随着沉浸式教育手段的不断丰富，充分发挥数据驱动优势，强化沉浸感和教育效果，才能够实现沉浸式教育和高校网络思想政治教育的互利互惠。

创新线上沉浸式剧本教育。年轻师生普遍对沉浸式剧本游戏有较高的兴趣，但受制于线下参与的苛刻条件以及线上剧本质量的参差不齐，在师生群体中表现出热度较高但覆盖面不够全面的态势。对高校网络思想政治教育而言，这正是一个抢占先机、抢占流量、抢占话语权的重要机遇。高校网络思想政治教育要设计开发线上沉浸式剧本游戏平台，依托移动互联网、局域网等构建数据驱动的智能"游戏主持人"（Dungeon Master）和"非玩家角色"（Non-player Character）共同组织的沉浸式剧本游戏，使教育客体在游戏过程中，能够感受到无缝衔接的游戏控制和游戏互动，增强游戏的体验感和代入感。广泛收集客体在现

161

实社交和网络互动过程中留下的关于剧本创作、音乐伴奏、动画设计、互动方式等多方面的意见和想法，将这些数据进行整合、挖掘和分析，由教育主体依托教育平台，根据客体的学习能力、学习习惯和学习基础定制个性化的教育方案，针对性地进行剧本推荐和角色分配。依靠缜密的数据分析指导优质剧本创作，在教育主体、教育客体、剧本编剧和教育平台四方之间，建立基于数据理性互动的沟通协调机制，共同负责剧本的选题定位、人物塑造、故事构造以及宣传推广和营销策划等工作，实现政治性、历史性、真实性、趣味性、情感性统一，形成科学合理的发展策略。注重收集教育客体在游戏过程中的行为表现数据和游戏后的评价数据，通过数据分析更加准确掌握教育客体对游戏剧本所描述的社会问题或历史事件的了解程度、价值态度，为进一步细化教育客体画像提供指标数据，更好指导其他教育活动开展教育引导。

开发线上沉浸式观影教育。当前沉浸式演绎演出备受观众喜爱，如《不眠之夜》《又见平遥》等，不同于在座位上观影，观众可以以"幽灵"身份参与演艺之中，跟随个人兴趣自由触发不同角色的特定剧情。这种沉浸式观影体验与"互动视频"中观众第一视角的选择权不同，观众能够随意"触碰"场景道具，从不同角度观看"角色"。将沉浸式观影制作成数字化产品并搬迁到网络上，使教育客体能够通过屏幕触控、鼠标点击、键盘操控、3D手柄、AR眼镜等输入方式，以第一视角进入观影场景、自由完成观影体验，有效提高红色故事等教育素材对教育客体的吸引力、感召力和感染力。借助网络化、数据化剧情设置的便利性，区分不同故事角色、不同观影场景建立多条单独的剧情线，使教育客体在观影过程中根据个人喜好自由进行选择，在游戏维护更新过程中，根据教育客体的游戏数据，重点创作和调整不同剧情线，促使教育客体自愿多次参与观影，最终完成对完整历史故事的了解和掌握。为教育客体提供多人同时在线观影和互动的沟通机制，支持教育客体在观影过程中利用文字、语音、手势等方式实时交流讨论，提高教育过程的社交属性，引导教育客体从线上观影互动辐射到线下社交互动，进一步增强教育的圈层化属性。分析教育客体观影过程中的行为痕迹、情感状态和思想认识基础等数据，主动推荐适配场景选择和剧情推进，对教育客体不感兴趣或十分熟悉的剧情内容进行简短演绎，对感兴趣且教育意义重大的故事情节进行详细介绍，使教育客体能够完全沉浸到教育观影中，而不会出现因新鲜感低或同质性强导致的注意力涣散等问题。

探索线上沉浸式游戏教育。沉浸式游戏大多是采取第一人称视角的体验式游戏，其中具有代表性意义的 *Detroit: Become Human* 让游戏体验者以仿生人的身份和视角徘徊在未来新世界的混乱边缘，通过对各类事件做出决定，改变游戏的剧情和结局，使体验者从沉浸式游戏中体悟人类与智能体的共生矛盾关系。这种教育模式比较适配于红色历史、英模事迹再现等题材，通过教育客体与游戏剧情间的沉浸式互动，使教育客体重历历史重要时刻，在水与火、生与死之间根据个人思考做出价值判断和命运取舍，而后利用游戏剧情发展方向作为思想价值判断行为的奖惩结果。这一教育方法很大程度上依赖于对教育客体个人决策的评述引导，需要不断在积累大量用户数据基础上进行针对性的剧情创作，特别是针对客体偏离主流价值导向的游戏选择，要深入分析该类教育客体的画像数据，深刻把握其思想特征，使后续创作在最大限度符合教育客体思想惯性和情理认同基础上，完成价值观引导，使教育客体从内心深处认同剧情发展，进而培养和树立其正确的思想认识。要重视分析教育客体阅读游戏剧情的情感和认知状态，适时增加或删除理论性剧情，如在红色英雄事迹的模拟游戏中，剧情介绍阶段应根据教育客体对历史的了解水平和对网络思想政治教育的积极性适当控制剧情长度。在设计游戏任务过程中穿插对马克思主义理论的学习、讲解和问答等情节,根据教育客体实时反馈进行差异化剧情调整,提升教育客体对游戏的体验感、流畅度,增强游戏的德育功能。

四、本章小结

教育方法是推动静态的教育主体、客体等要素参与动态教育活动的关键,利用数据技术优化教育方法,能够有效驱动教育实践创新发展。通过广域采集客体网络数据,指导构建标签体系,开发用户画像系统的多维功能,提高教育主体对客体、环体等信息的掌握精度,正确认识和分析不同时期、不同环境下,教育客体的思想特点和影响因素,得到客观真实的规律认识,进而指导教育提高针对性。在此基础上建立数据智能,用于教育方法具体设计、运行和控制,采取主体智慧和数据智能相结合的模式,指导教育内容的创作和创新,提高内容吸引力,并依托数据智能打造专属精准化个性化传播路径,使教育内容能够直通客体痛点,在教育实践全周期发挥数据管理优势,提高数据治理能力,在教育实践中更好发挥育人作用。还要发挥数据驱动教育研究的突出作用,发挥密集型数据计算范式特点,实现对教育活动的实证研究,挖掘主客体间想法流数据,揭示网络教育过程中的现实规律,通过建立全周期数字孪生,在虚拟场域中开展模拟实验,提高教育研究的科学性和有效性。综合运用优化后的教育方法开展"数据+直播"教育,运用数据智能向主体推送教育素材、自主筛选及回复弹幕信息,探索建立智能虚拟主播,满足教育客体情感需求。开展"数据+媒体"教育,利用数据智能为教育客体创设信息传播圈层,强化圈层内部的社交属性,更好发挥意见领袖作用,提高信息传递效率，增强教育客体对信息的接受度和认同度，通过加强私域流量管理和引流进一步提高教育辐射率和留存率。开展"数据+沉浸"教育，注重利用数据智能满足客体需求，实现线上开展沉浸式剧本教育、观影教育和游戏教育新模式。

第六章　数据驱动的高校网络思想政治教育评价优化

　　教育评价作为检验教育效果的关键一环，是提高铸魂育人质效的重要手段，对提升高校网络思想政治教育效能起着重要作用。优化教育评价要求摆脱单纯评比竞赛的功利思想，并在评价实践中予以坚守和落实。数据驱动的教育评价优化，不可避免会偏向将数据量化视为"科学"标尺的工具理性思想，主观上抛弃质性评价的科学性和可靠性。因此，要聚焦教育评价指导性作用发挥，深度思考工具理性与价值理性、量化评价与质性评价、结果评价与过程评价之间的关系，在设计评价指标、选择评价方法、制定评价流程等过程中，主动适应数据时代新要求，积极探索数据驱动的评价体系方法路径，更好发挥以评促教作用，推进高校网络思想政治教育创新发展。

一、评价优化对提升教育效能起着重要作用

　　思想政治教育评价通过对教育活动要素进行系统分析和规律挖掘，在深度参照教育目的和教育指向基础上，评价教育全过程运行情况和最终效果。数据驱动的教育评价旨在利用数据技术提高教育评价体系客观性、科学性和高效性，采用数据驱动的相关性分析优势补充和丰富传统

教育评价的经验性因果分析，促进科学评定教育效果、即时总结教育经验、有效改进教育实践，对教育运行和效果提升发挥指导作用。

(一) 实施科学评定

科学评定高校网络思想政治教育的实际效果，是教育评价主要作用之一，通过对教育客体在完成教育活动后的反馈情况和现实表现进行总结评价，能够准确标定教育活动是否严格遵守了正确的教育方向，鉴定教育活动对教育客体产生的正向（或负向）影响效果，并判定教育活动对客体的思想和心理产生了哪些教育作用，对教育活动形成综合性评价认识，为奖优警劣和教育反馈提供依据。

标定教育方向。教育效果表现着教育客体在教育活动中得到的理论灌输和价值引导的方向性，取决于教育主体的专业素质和思想基础，也取决于教育方法、教育内容、教育载体的科学选择和有效运行。对教育的过程和结果进行方向性审查和评定，既能够了解掌握教育方向是否偏离，也能为教育实施指明方向，使之能够时刻确保马克思主义的科学指导地位，按照党和国家确立的教育方针和教育目标发展和创新。受到网络信息繁杂、形式多样等特点影响，高校网络思想政治教育受到流量争夺和主流价值引导的双重压力，加之主体队伍结构日趋多样化和专业化，参与教育产品研发制作和营销推广的教育主体也面临协调合作的多重压力和矛盾，客观要求对教育活动进行实时在线的教育方向评定，以免过分追求客体流量而出现教育偏差错情。例如，对教育内容和客体互动信息进行文本解析和语义归纳，能够帮助教育管理主体实时动态掌握单次教育实践活动所传达的价值导向和引发的客体观点动向。高校网络思想政治教育所承担的思想引导工作具有复杂多样的方向，每个教育时期都有必须开展和适宜开展的具体教育任务，管理主体和实施主体要确保各教育方向均衡输出又各有侧重，就必须精确把握各教育活动所蕴含的方向性数据,通过对某时间区间内教育重点方向的汇总、标注和对比,帮助教育主体了解当前教育实践相对薄弱的环节,为下步教育决策提供客观数据支撑。

鉴定教育结果。思想政治教育作为一种针对教育客体思想和心理建设的工作,需要通过教育评价鉴定对客体产生了何种影响,以及对客体和社会发展起到了何种价值。必要条件下还需要通过教育评价有效区分网络思想政治教育与现实行政管理工作对教育客体产生的影响。对高校网络思想政治教育的评价,通过对单次教育活动实施过程中教育客体的交互行为、表情神态等外在表现,分析总结思想变化和情绪变化,以期鉴定教育客体从教育活动中感受到的教育价值。例如,当教育客体反复浏览某条教育类媒体信息时,如果积极翻阅评论信息,甚至主动寻找关联信息,则表示该条信息激发了教育客体兴趣,并产生了明显教育效果;如果教育客体在进行了短暂浏览后就放弃继续观看,转而观看其他信息,则表明该条教育信息对教育客体未产生足够吸引力。当教育客体在线参与网络思想政治教育课程时,如果教育客体微表情传达出专注、思考等神情,并跟随教育内容表现出悲伤、愉悦、坚定等情绪变化时,表明教育客体深入教育过程,并对教育内容进行正向反馈。教育结果除了反映在教育客体参与教育活动的微观层次之外,更多要关注教育客体在网络空间和现实生活中的行为表现,如学习成绩、工作作风、言谈举止等。教育评价通过采集个体微观和群体宏观视角信息数据,纵向对比教育客体在教育前后的变化,掌握教育活动对教育客体和组织建设发挥的教育引导作用,横向对比不同教育客体在教育前后的变化,掌握不同教育客体对教育活动的学习深度和反馈程度,以及同一教育客体对不同教育活动的反应。

判定教育作用。为了通过教育评价更进一步掌握高校网络思想政治教育对教育客体发挥教育作用的规律和机理，要在鉴定教育结果的基础上，区分不同个体、群体进行变量分析，并对同期开展的现实行政管理、线上线下教学管理等工作进行综合性评价，以期准确了解网络思想政治教育活动与师生发展之间的辩证关系、作用方面和程度水平。更加关注对教育作用进行分析判定，能够改变以往对教育效果的笼统、抽象甚至模糊的价值判断局限，更加关注于网络思想政治教育与其他相关工作的协同配合关系。通过对比单次教育媒体信息在不同教育客体间的传播速度和范围，结合教育客体教育前后的思想状态和行为表现，以及当下教育客体接收到的行政管理和教育管理的压力等因素，分析得出不同条件下不同客体对某类型教育信息的反响程度，进而更具针对性地判定教育活动作用。现实中，高校不同学院、不同年级等师生群体所面临的管理压力和重点不尽相同，而网络思想政治教育具有更加宏观的教育视野，学校推出的思想理论教育课程和思想宣传媒体信息关注于校际传播，相比之下，各学院开发的教育课程和媒体信息更加关注学院师生特点，各种教育信息在与教育客体发生交互作用时，单纯通过教育客体表现笼统评价教育效果，难免将各类教育实践作用混为一谈，不利于具体评定各教育实践活动的作用机理，容易干扰对教育规律和教育机理的深度挖掘和阐发。

（二）即时总结经验

数据驱动的高校网络思想政治教育评价优化，其作用不只是对教育效果的评定，更要进一步分析总结教育活动的矛盾问题、本质规律，以期对尚未运行的教育方案计划形成全面深刻的认识，有助于在较为准确的预测前提下，为教育决策提供辅助依据，为最终提升教育效果提供可靠可控的保证。

诊断教育问题。教育评价通过摸清底数，客观呈现教育客体全面发展状况以及影响因素，进而为质量监测提供指标体系，实现教育评价的督导作用。教育诊断必须采取系统性视角，在发现问题的基础上还要深挖痼疾、剖析原因，例如，发现师生在学习MOOC课程过程中表现拖沓散漫，仅仅采取增加视听类内容吸引注意力，或者开通定时回答问题等措施予以改善，并不能达到预期效果，需要利用教育评价提供的系统性、整体性分析视角，进行逻辑推导和解释，从教育主题确定、教育内容遴选、教育精准推荐、叙事表达创新等方面开展教育问题诊断，了解掌握客体好奇心、同理心、洞察力、行动力、学习动机、学习情感和学习认知等多套教育理论因素，以此推动建立具有思想政治教育特点的可用可行的教育质量监督监测体系，形成及时发现教育问题、深挖深层原因的教育问题诊断系统。对网络教育媒体信息传播的教育评价，要重点关注师生在选择信息、浏览信息中潜藏的兴趣选择等情况，例如，某条教育信息的浏览率较低，应首先考虑教育标题、首页配图等是否符合目标客体兴趣喜好，再考虑教育内容的观点表达、论述过程、话语表述、篇幅长度等是否满足目标客体的学习需求和社交需求，进而诊断教育媒体信息的生产、传播等方面存在的问题。对网络虚拟实践活动进行评价，要分类统计流量，重点区分目标客体和非目标客体，当非目标客体浏览率显著高于目标客体浏览率时，则表明实践活动设计开发没有有效吸引高校师生群体，即使在全网实现爆款传播，但依然暴露出教育决策失当，需要深度剖析总结原因。

挖掘教育规律。教育评价对数据的采集分析和处理，核心是为了挖掘教育规律。通过对教育活动全过程全方位评价，能够进一步指导发现教育因素之间的关联关系和联动机制，为教育决策和实践活动提供根本性指导。教育评价数据可以清晰呈现客体在完成网络课程、信息浏览、网络实践等教育活动过程中的变化规律，通过对学习记录数据的分析和总结，形成闭合回路，从中发现客体对理论灌输、典型示范、警示警醒等教育形式的不同习惯、认知和态度，归纳出开展高校网络思想政治教育活动的规律性认识。例如，通过教育评价清晰了解教育客体在学习党的创新理论过程中的理解力和记忆力曲线，以理论水平的客观评价为基础，探索不同教育客体理论学习内容、形式的惯用渠道和途径，以及在工作生活中，先进理论对实践活动的指导作用发挥，反过来对围绕实际开展的理论教育实施提出改革意见，促进个性化、精准化的教育实践。通过跟踪某网络话题圈层流量的流出方向和速度，了解掌握该圈层中师生偏好的教育信息类型，例如，监控微博热门话题中关注某明星的圈层流量数据，记录较长时间段内，圈层流量何时因何事发生集体外流，以及外流流量何时回归原圈层，据此了解掌握该圈层师生的话题敏感度，进而针对性定制教育内容，进行精准教育投送。对网络虚拟实践活动的投放数据和参与数据进行对比分析，客观反映师生实践活动参与热情，甚至通过比对活动信息推送至教育客体视窗时，客体正在进行的不同网络操作情况，如查找学习资料、观看电影、浏览新闻等，为再次向教育客体推送活动邀请信息的时机选择提供决策支持。

预测教育成效。实施网络思想政治教育本质上就是一种预测行为，需要在既定教育认知和规律基础上，预测教育方案计划和具体实施路径的教育成效，进而做出决策和选择。而且思想政治教育的对象最终指向师生，在现实空间和网络场域的虚实生活中，思想和心理状态往往随着外部大环境和内部小环境的不断演进而时刻变化，对思想政治教育的需求处于动态调整状态中，自然要求教育主体对教育效果进行实时分析预测。教育评价通过规律认识和经验总结，对教育主体的指导思想、组织结构、能力素质等进行细致评分，自动建立起与教育效果的预测映射。在教育决策前，通过对教育形式、教育内容、教育方法、教育时机等因素分析评价，客观准确地预测教育客体对教育活动的思想态度，进而指导教育主体适时调整更新教育实践活动。反之，教育评价通过预测教育客体参与教育活动后的思想变化，为教育主体连贯实施教育引导提供指导，持续强化教育效果。特别对数据驱动的教育评价，教育预测可以在瞬时完成，并自动为教育主体提供预测结果和相对应的决策建议，帮助教育主体在与客体间动态互动中，占据了解教育实情、预测教育结果、实施教育行动的主导地位，充分调动教育资源，提高教育的针对性、有效性。

（三）有效改进实践

教育评价的核心是以评价结果指导教育活动更新调整，在有效诊断问题、挖掘规律基础上，进一步利用评价过程和结果的导向性作用，引导教育主体下功夫解决矛盾问题，主动探索运用新理论指导新实践，将信息技术优势融入思想政治教育中，为教育主体准备教育、实施教育、改造教育等提供第一手资料。

指导教育实践。教育评价在高校网络思想政治教育中起着重要指导作用。教育主体在开展教育实践时，会自觉地将具体的评价指标、评价流程等投射到较为抽象复杂的教育活动中，以此作为开展教育实践的标准和遵循，重视评价指标所强调和重视的理念、方法，将评价指标中规定的量化成绩作为教育目标，使教育评价的价值判断作用演化为具体指导作用。例如，当高校网络思想政治教育评价更加突出网络流量、客体点赞转发和思政专家评审等综合性评价指标时，教育主体在生产制作媒体信息时势必更加注重"内容为王"和"用户中心"原则的协调平衡，从主题选择、素材挖掘中确定媒体宣传产品所具备的社会正能量和思政教育性，进而根据目标用户的兴趣爱好和圈层特点精心设计表达方式、叙事角度和呈现技术，吸引更多网络大众参与浏览、互动和传播。此外，评价指标的覆盖面和颗粒度也决定了教育指导效果，例如，教育部印发的《高等学校思想政治理论课建设标准（2021年本）》中明确了组织管理、教学管理、队伍管理、学科建设、特色项目等五个一级指标，以及22个二级指标和41个三级指标，涵盖了高校思想政治理论课建设的主体结构、主体职能和理念原则，细致明确的指标细化具体指导教育主体工作，指标要求"每学年至少安排1/4的专职教师开展学术交流、实践研修或学习考察活动"，具有极强的现实指导意义。教育评价模式也对教育实践过程产生重要影响。例如，定时定期开展的教育评价，容易导致阶段性、突击性，引发评价前努力一下子、评价后放松一阵子等情况，平时教育实践活动更多依赖于教育主体的主观自觉。而随时在线或灵活机动的教育评价模式能够实时为教育主体客观反馈教育运行状态，预测教育发展趋势，使主体有的放矢地采取教育举措，不断修正教育实践。

指引教育调整。高校网络思想政治教育本身是一个复杂的系统工程，涉及面广项杂，需要教育主体展开自查自评和互查互评，并接受上级评价考核，深度解剖教育活动，并客观做出价值评判，然后以评价结果为指引进一步发掘分析教育开展过程中存在的矛盾问题，突出问题导向和目标导向，深度剖论背后的原因和规律，为教育主体做出进一步调整改革提供现实依据。教育调整改革作为高校网络思想政治教育活动提升质效的重要方式，需要达到合规律性与合目的性统一，不能盲目套用其他学科的创新成果或随意搬用新技术，要求必须凭借客观科学的调整依据方可具体开展。教育评价对教育活动的深度分析和客观评判自然成为教育主体开展教育调整的重要依凭，帮助教育主体标定方向、修正错误、补齐短板、发扬优长，调整教育理念、优化教育队伍、完善教育制度等。教育评价过程对教育规律挖掘和教育现象监督审查，为高校网络思想政治教育引入新理念新技术提供了基本保证,通过理论探讨和实验探究潜在机遇和挑战,进一步指导教育调整。教育改革实践对教育理论具有重要的反作用,为不同时期不同条件下教育理论总结和创新提供第一手实践资料,促进教育理论在实践不断深化和技术不断融入的新格局中取得新突破,进而作用于教育活动确保高校网络思想政治教育科学有效调整。

辅助教育决策。高校网络思想政治教育的决策功能需要建立在党委及相关机构对教育活动建立起来的前瞻性、科学性和战略性的政策规定上,要在全面了解全貌实情、科学分析判断的基础上完成教育决策。网络场域的开放性、虚拟性和平等性导致网络思想政治教育的模式、方法、内容等具有不同于传统教育要素的特征,需要利用网络化、数据化教育评价为决策提供客观辅助依据。对教育活动的具体实施者而言,工作团队的规划培养、工作机制的设计建立以及具体实施的运行控制等都需要客观科学的教育评价指标为教育决策提供依据。教育主体在此基础上进行的个性化创新,也需要根据既往教育评价结果生成具有可靠可信的预测性评估预期,在准确预测教育基本情况和基本数据后,再制定具有针对性和有效性的政策制度,完善创新规划。在教育主体实施教育活动前,要根据实时评价结果科学预测高校网络思想政治教育的发展趋势,预判教育客体的思想动向和基本诉求,进而明确教育对象和教育目标,设计规划科学有效的教育方法、教育内容和教育路径,克服单纯盲目的形式主义和经验主义,为高校网络思想政治教育管理决策和实施决策提供科学依据。

二、数据驱动的高校网络思想政治教育评价体系建构原则

评价体系既体现着网络思想政治教育评价的价值旨归和目标导向,

又决定着数据驱动评价改革的科学性和可行性，评价体系构建要注重遵循新时代网络思想政治教育的发展规律，积极拓展应用数据技术带来的新理念和新方法，确立正确的评价观和方法论。

（一）坚持工具理性与价值理性相结合

当代信息网络技术促使物理空间和虚拟空间密切融合，人文世界具有了物质世界和数字世界的"原子—比特"二象性。工具理性强调最大化利用"条件"或"手段"来实现目标，又被称为"功效理性"或"效率理性"。大数据所具备的整体性数据采集、相关性关系挖掘、复杂性结构解析、精准性信息导向等技术特征，有助于提升高校网络思想政治教育评价质效，评价实践主体更倾向从数据新技术、新应用视角，思考和探索数据驱动教育评价新实践。但过度依赖数据又容易形成具有规训性质的"数据崇拜"，导致对高校网络思想政治教育全要素全关系进行数据刻画的"全知"幻觉，对受众行为痕迹数据进行智能分析的"客观"幻觉，对利用"纯粹"数理运算完成教育评价的"科学"幻觉，致使教育评价的本质价值偏移。

对高校网络思想政治教育评价而言，追求数据量化评价的效果最大化是工具理性的本质要求，但工具理性要始终围绕价值理性这一中心，数据驱动评价方式的实践价值在于提供高效的评价方法、直观的评价依据和创新的评价视野，其价值理性体现在对教育效果的科学评定、经验教训的实时总结、作用规律的客观归纳以及对教育实践的改进指导，绝不能超越为单纯的数据视野和数据依附。价值理性要始终发挥指导和规制作用，防止出现因价值偏见、认知局限和能力边界导致数据取舍不公，或将算法"黑箱"不可解释性结论作为教育决策的唯一依据，要时刻审视是否存在以形式数据取代本质属性、直观数据取代深刻思考、关联关系取代因果关系等情况，还要警惕强调数据工具使用的"形式"

正确，而忽略教育本质探寻的"实质"准确，导致以"程序正义"替代"实质正义"的狭隘想法。

因此，数据驱动的高校网络思想政治教育评价优化，既要敏锐发掘数据技术带来的评价潜能，充分发挥数据优势提高科学性和精准性，以工具理性促进价值理性，又要主动开展理论创新和机制探索，强化对数据技术的引领和控制，以价值理性升华工具理性，还要推动以数据驱动的思维理念指导具体评价实践，丰富评价价值实现的新路径，以工具理性成就价值理性，更要坚持以教育评价为中心的研究视角，从评价需求出发，思考和验证数据技术高效融入的具体切入口，以价值理性引领工具理性，实现二者融合共存，构建互相作用、互相转化、互相提升的内在联系，从而更好指导教育评价。

（二）坚持量化评价与质性评价相结合

当前，对高校网络思想政治教育评价的研究热点趋向利用可量化、可计算、可仿真的方法，追求将复杂多变的思想政治教育要素和实践活动抽象为符号、数值等数学关系，利用数学公式推导和计算教育效果，针对教育体系要素多样、结构复杂等特性，采用数据密集型方法从海量教育数据中挖掘潜在规律，形成对网络思想政治教育机理的相关性认识和知识性总结。但思想政治教育最终指向的是教育受众的思想、心理认知状态和现实行动，具有较强的主观性和不可估量性，信息送达不代表价值传导，信息阅览不代表价值认同，信息转发不代表价值扩散，甚至利用大数据构建心理画像也面临行为数据替代思想数据造成的未来可能性与现实确定性的巨大差距。

量化评价和质性评价的对象都是可观察的现实，"主观"或"客观"并不取决于方法选择，而在于评价描述是否基于事实，观察到的事实是否是评价主体的共性认识。质性评价主要来自专家依据经验和知识积累对观察到的教育情况进行的分析结论，利用德尔菲法等经过多轮匿名函询反馈，得到被广泛认可的一致意见，通过对教育实践活动的理解和描述，推论潜藏的教育价值，形成对教育效果的判断和预测。然而，在日趋复杂的网络思想政治教育背景下，单纯质性评价要求建立多学科专家团队并强化内部知识共享，否则容易忽略总体内、单体间的信息交互，致使教育评价的适用性和精准性受到制约。

因此，要在数据驱动视域下整合量化和质性评价方法，对高校网络思想政治教育要素进行量化评价，有效弥补质性评价相对受限的人力极限和思维惯性，提高教育评价的多元性、整体性、精准性和时效性。质性评价关注于强因果关系的机理探视，表现为"类比评价""反比评价""剖析评价""总结评价"等方式，从客观上指导量化评价的数据采集处理、数据指标建立、模型构建调试和评估实践运行，对评价结果起着监督、校正和分析的作用。量化评价和质性评价从不同侧面切入，统一于可描述、可解释、可回溯的高校网络思想政治教育评价中，二者协调配合，共同推动着教育评价从数据规律发现、规则约束计算、算法自学习调参，向"智能"量化与"智慧"质性评价整合转变。

（三）坚持结果评价与过程评价相结合

高校网络思想政治教育从宏观上有着明确且具体的教育目标，数据驱动的教育评价通过对教育阶段性数据化描述，表征高校网络思想政治教育在特定条件下完成目标的程度和效果，呈现相对动态的评价特征，实现结果导向的教育调控。微观上，教育活动将面对环境的影响、网络信息混杂干预和教育客体的自主选择，这一过程对具体教育信息的主题确定、内容编制、形式塑造、渠道选择等产生全面影响，要求教育评价与教育实施全链路相匹配。因此，教育评价既要关注阶段节点的结果反馈，以便准确把握当前态、反思过去态、预测未来态，又要追踪记录教育信息发挥效能的全过程，便于实时感知、即时调控、适时总结。

结果反馈倾向于显性数据描述与评估，如依据高校网络思想政治教育各类活动的受众数量、传播热度、点赞转发量等评价教育客体对教育活动的认可度，依据教育客体在参与网络思想政治教育活动过程中的首页浏览率、活动完成率等评价教育客体对教育活动的参与度，依据教育主体的组织结构、队伍建设、保障措施等评价教育主体的教育能力强弱。过程追踪重点关照隐性状态刻画，利用教育信息传递的方向、强度和频率等数据评估教育主客体间关联关系强弱，通过语义理解实现对互动信息的价值判定，通过挖掘教育客体的现实微表情、网上网下言行举止、生理指标等数据，反映教育活动在客体末端的效能水平，并以此总结教育实践活动的本质规律。

因此，教育评价要实现结果评价和过程评价的内在统一，数据采集要结合不同教育场景需求形成路径同源、格式通用、方法规范的数据集合，为存储的结构化、半结构化和非结构化数据制定安全保密协议，探索构建分散布局、节点读取、分布学习的数据源。通过制定各评价主导者依规依矩读取数据、分析数据的权限机制，确保不同评估实践既能够无差别地处理数据，又不会造成重复评估、交叉评估进而导致资源浪费，要着力构建整体评价格局，明确具体评价场域和评价内容，使动态追踪和静态归纳相互弥合，提升教育评价的客观性和可信度。

三、数据驱动的高校网络思想政治教育评价指标体系设计

数据驱动的高校网络思想政治教育评价是在数据刻画基础上，对各教育要素进行的评价活动，必须坚持以数据为核心驱动力，在上述三项原则基础上，突出数据科学量化和算法智能化的评价功能。高校网络思想政治教育综合评价指标，如表6-1所示，从横向上分为教育主体、

介体、客体和环体，从纵向上，根据CIPP模式可分为背景评价、输入评价、过程评价、结果评价和增值评价。其中背景评价重点分析教育环境的属性数据；输入评价是对教育实施的开始状态进行评价，主要包括为达成教育目标所任用的教育主体、采取的教育介体和选定的教育客体属性数据；过程评价主要考察教育实施过程中介体发挥效果的动态变化；结果评价是对教育实施结果、成效和影响的综合评价，主要是教育活动客体的属性状态，以及各教育参与者对教育主体、介体和客体的主观质性评价。整体而言，CIPP评价模式通过对教育实践过程的逐级评分评价，为教育实施、改革和创新提供分步骤研究探讨的数据依据，对教育评价指标体系构建具有重要借鉴和指导意义。在此基础上，根据《深化新时代教育评价改革总体方案》关于"改进结果评价，强化过程评价，探索增值评价，健全综合评价"[①] 要求，增加增值评价指标，对教育实践活动的输入和输出进行差异化评价，评价结果采取"优、良、中、差"四级评价，不设总评结果。

表6-1　高校网络思想政治教育综合评价指标

要素	主体	介体	客体	环体
背景评价				属性数据
输入评价	属性数据	属性数据	属性数据	
过程评价		效果数据		
结果评价	质性评价数据	质性评价数据	属性数据 质性评价数据	
增值评价			增值数据	差异数据

---

① 中共中央国务院印发深化新时代教育评价改革总体方案［N］.人民日报，2020-10-14（1）.

（一）主体评价指标设计突出属性数据

主体评价指标设计重点区分属性数据和质性评价数据，除了细化指标外，还需要明确评价方法和指标权重等。主体属性数据评价指标，主要源自"用户画像"数据，区分管理主体、实施主体、支持主体和自我教育主体（并入客体评价指标中）进行标签刻画。这种标签化的数据刻画是借助简短的语言或抽象化成数值之后的多维向量来描述个体的各项特征，标签的向量维度越多，向下的标签层级越多，得到的用户画像像素越高。[①] 如表6-2所示，从指导思想、组织结构、工作机制、保障机制等4个维度刻画教育管理主体并形成评价指标，每个维度可进一步细化出二级指标，根据不同指标的刻画特点，分别采取统计类、规则类和算法类标签，其中统计类标签是对主体属性的数据统计，例如，管理主体的组织结构由哪些部门和机构组成以及管理主体个人的性别、年龄等；规则类标签基于对主体行为及确定的规则产生，例如，以"20%以上人员参加不少于24学时数据技术培训"等为标准划分人才培训力度和质量；算法类标签也称机器学习挖掘类标签，用于对主体的某些属性或某些行为进行分类或聚类判断，形成评价结果。

评价方法需要区分不同类型的评价指标灵活实施。对统计类评价指标而言，主要采取关联关系评价法，即通过海量数据分析确定统计类指标的状态与教育效果之间的相关关系，根据关联性强弱进行赋级评价。例如，对管理主体的行政组织结构进行统计评价，对相同类型管理主体（如微信公众号运营团队）的组织机构进行海量数据的对比分析，确定不同特点的组织机构对教育效果的贡献率大小，进而完成评价。对规则类评价指标而言，需要在完成基本数据的统计基础上，由教育主体根据

---

① 黄彦龙，吴穹. 军校学员思想政治教育个性化研究[J]. 海军舰艇学报，2022，45（02）：102.

教育实践经验，以及统计数据的关联关系评价结果形成综合性评价的规则标准，进而得出评价结果。例如，对管理主体人才培养进行评价，首先要对全体人员的培训时长、培训内容、培训周期等数据进行统计，采用关联关系评价法确定不同培训情况与教育效果之间的关联关系，再由教育主体根据理论基础和实践经验进行综合考量，最终确定达到"95%以上人员参加不少于196学时思想政治教育"标准，则"定期进修"评定为"优"，达到"20%以上人员参加不少于24学时数据技术培训"评定为"合格"等。对算法类评价指标而言，首先由评审专家组根据总结汇报、个人访谈、查阅档案资料和考试测验结果为依据，采用"德尔菲法"统一评价结果，将相关数据作为训练集进行算法模型构建与训练，形成智能化评阅系统，在评审专家或智能评阅系统完成同类型管理主体的全部评价结果后进行归一化排名，依据排名次序确定四级评价结果。

评价指标权重指的是各评价指标在整体评价中表示价值高低或重要程度强弱的比例数值，各指标权重之和为1，能够有效区分工作的重点内容和一般内容。该评价指标体系重点突出评价对教育实践的指导作用，且由于各评价指标的赋级大多建立在全维海量数据的分析上，能够客观有效反映在同类型主体中的横向对比水平，起到了足够的区分作用。因此，纵向评价权重的区分作用被淡化，对教育实践的调整指导意义也随之弱化，因此，不再对评价指标体系增加权重。

对教育主体的质性评价主要突出教育实践其他主体、客体及环体中的个体或组织对主体进行的主观评价。具体评价方法是先由各评价主体完成主观评价，而后将结果汇总分析，根据排名完成赋级评价。

表6-2 高校网络思想政治教育主体评价指标

主体类型	一级指标（内容阐释）	二级指标	标签实例	标签类型	评价方法	评价结果
管理主体	指导思想（管理主体遵守的指导思想）	为党育人	理想信念、对党忠诚、社会主义核心价值观……	算法		
		为国育才	教育现代化、全面自由发展、创新素养、自主培训……	算法		
		管理规定	《关于加强高等学校思想政治教育进网络工作的若干意见》《全国大学生思想政治教育测评工作的若干意见》《直播类在线教学平台安全保障要求（试行）》《中国共产党普通高等学校基层组织工作条例》《高等学校数字校园建设规范（试行）》《关于深化新时代学校思想政治理论课改革创新的若干意见》……	算法	专家（智能）评价法+排名赋级法	
	组织结构（管理主体的结构组成和能力素质）	结构关系	高校党委、专职办公室、法律顾问、财务管理……	统计	关联关系评估法	
		个人素质	姓名、学历、工作经历、培训经历、奖惩、考评……	统计		
			理论素养、教育素养、网络素养、数据素养、人文素养……	算法	专家（智能）评价法+排名赋级法	

182

第六章 数据驱动的高校网络思想政治教育评价优化

续表

主体类型	一级指标（内容阐释）	二级指标	标签实例	标签类型	评价方法	评价结果
管理主体	工作机制（管理主体开展工作的相关机制）	领导体制	态度（例如，年度会议占比10%、工作量占比25%）	规则	关联关系评价法+实践经验法	
		年度工作	年度规划、工作计划、检查考核、总结评比	统计	关联关系评价法	
		权责制度	责任清单、职能划分	统计	关联关系评价法	
		工作流程	调查研究、动员部署、全程把控、反馈调整	统计	关联关系评价法	
		人力资源管理	定期进修（例如，20%以上人员参加数据技术培训）、人才引进（例如，年度引人数不少于1名）、岗位交流（例如，年度2人次交叉岗位锻炼）	规则	关联关系评价法+实践经验法	
		交流协作	交流研讨（例如，年度5人次参加交流研讨会）、协同共建（例如，与2家单位建立合作关系）	规则	关联关系评价法+实践经验法	
	保障机制（保障相关工作顺利开展的机制）	平台设施	主题网站、网络虚拟社区、官方微博、微信公众号、网络教育资源共享平台	统计	关联关系评价法	
		经费管理	平台经费、培训经费、科研经费、表彰奖励经费	统计	关联关系评价法	
		网络安全	防控机制、防控预案、防控团队	统计	关联关系评价法	
		网络安全	安全可控（例如，年度0起重大网络安全事故发生）	规则	关联关系评价法+实践经验法	
	主观评价（其他主、客、环体评价）		优、良、中、差	统计	排名赋级法	

183

续表

主体类型	一级指标（内容阐释）	二级指标	标签实例	标签类型	评价方法	评价结果
实施主体	指导思想（实施主体遵守的指导思想）	为党育人	理想信念、对党忠诚、社会主义核心价值观……	算法	专家（智能）评价法+排名赋级法	
		为国育才	教育现代化、全面自由发展、创新素养、自主培训……	算法	关联关系评价法	
	组织结构（实施主体的结构组成和能力素质）	分工结构	信息采编、美工、编辑、营销、直播、评论员、信息员、分析员、培训经历……	统计	关联关系评价法	
		个人素质	姓名、学历、工作经历、奖惩、考评、理论素养、教育素养、网络素养、数据素养、人文素养……	统计	专家（智能）评价法+排名赋级法	
	工作机制（实施主体在工作中采取的机制）	素材采编机制	采编效率（例如，2个以上平台同步采编共享）媒体矩阵（例如，2个以上媒体平台同步发布信息）	算法	关联关系评价法+实践经验法	
		评论信息处理	信息过滤审查、专人互动回复、信息汇总梳理信息审查严密（例如，年度0条不良信息公开发布）积极引导舆情（例如，年度主动价值引导30%以上）信息分析预测（例如，分季度分析预测思想倾向）	规则统计规则	关联关系评价法	
		人力资源管理	定期进修（例如，20%以上人员参加数据技术人才24学时数据术培训）人才引进（例如，年度引入数据技术人才少于1名以上）岗位交流（例如，年度2人次以上交叉岗位锻炼）	规则	关联关系评价法+实践经验法	

184

第六章 数据驱动的高校网络思想政治教育评价优化

续表

主体类型	一级指标（内容简释）	二级指标	标签实例	标签类型	评价方法	评价结果
实施主体	工作机制	交流协作	交流研讨（例如，年度5人次以上参加交流研讨会）协同共建（例如，与2家以上单位建立合作关系）	规则	关联关系评价法+实践经验验法	
	主观评价（其他主、客、环体评价）		优、良、中、差	统计	排名赋级法	
	组织结构（支持主体的结构组成和能力素质）	分工结构	合作机制、协同机制、辅助机制……	统计	关联关系评价法	
			支持主体配置（例如，支持主体与实施主体配备比例1:200）	规则	关联关系评价法+实践经验验法	
		个人素质	姓名、学历、工作经历、培训经历、奖惩、考评……理论素养、教育素养、科技素养、政治素养……	统计	关联关系评价法	
支持主体	技术能力（支持主体具备的技术能力）	网络技术	网络舆情监测、网络安全管理、网络信息分析……	算法	关联关系评价法	
		算法技术	个性化推荐、《互联网信息服务算法推荐管理规定》、不良信息筛选过滤……	算法	专家（智能）评价法+排名赋级法	
		数据技术	数据采集、数据挖掘、数据共享、数据传输、数据存储……	算法	关联关系评价法	
	主观评价（其他主、客、环体评价）		优、良、中、差	统计	排名赋级法	

185

（二）介体评价指标设计突出效果数据

对教育介体的评价较为复杂，需要从属性数据、效果数据和质性评价数据分别入手，其中效果数据评价是突出数据驱动教育评价效果和作用的重要环节之一，需要单独进行分析设计。

教育内容评价。如表6-3所示，高校网络思想政治教育内容可以划分为三种类型，即网络思想政治教育专题课程内容、高校融媒体宣传教育内容和线下网络专题教育资源。网络思想政治教育专题课程内容从教育主题上可分为党的创新理论、马克思主义基本理论、形势政策、思想道德修养、先进典型宣传等，从教育途径上主要包括MOOC类、远程同步教育类、精品教育视频类、网上实践活动类等。评价主要突出教育内容的基本数据、质量数据等，在具体评价实施过程中，对单条教育内容对应各条指标完成评价。其中，基本数据主要是针对不同主题不同途径教育的时长、发布时间、开发单位等赋予统计类标签，采取关联关系评价法；质量数据则针对教育内容的质量，例如，对马克思主义基本理论的灌输教育，理论阐释是否科学准确、课程逻辑是否明晰易懂、表达方式能否贴合受众、课程重难点是否完全覆盖等展开评价，在此基础上针对不同教育途径的内容特点进行评价，如对MOOC类课程内容评价增加"课堂测验突出重点""课程考试难度适宜"等指标，对网上实践活动内容评价增加"内容开放互动性强""内容选择现实意义强"等指标，采取先专家（智能）评价法后排名赋级法进行赋级评价。对高校融媒体宣传教育内容的评价需要区分教育主题数据、教育平台、内容格式、基本数据和质量数据。其中主题数据针对高校融媒体信息主要类别进行分类，包括理论阐发类、发布权威信息类、回应社会及师生关切类、宣传先进典型类、宣扬正能量类、建言献策类等；教育平台指包括易班和自营APP在内的媒体平台与账号，也包括微博、微信公众号、头条号等图文平台，抖音、微视、快手等短视频平台，以及在互联网和局域网上线的门户类网站等；内容格式数据主要包括图、文、视频、音频、3D、HTML等，用于统计教育内容的格式；教育基本数据主要评价教育内容的基本属性，包括时长、发布时间、发布单位等；质量数据针对内容创作、发布等是否符合客观规律进行算法评价，包括宣传报道客观准确，信息依据权威公正，传播内容与传播形式和渠道特征相吻合等。线下教育资源是指在线下组织师生学习科学管网用网、有效利用网络、应对潜在威胁等开展的教育活动所利用的资源，区分教育主题、教育形式、基本数据，以及教材、教案、课件、访谈提纲、调查问卷等进行评价。其中教育主题包括指导性和矫正性两种，指导性教育为指导师生科学管网用网教育，如网络道德教育、网络法规教育、网络礼仪教育等；矫正性教育为矫正师生因用网不当导致的心理偏差和情感缺失而进行的教育，如媒体素养教育、网瘾教育等。教育形式指教育内容采取的教育方式方法，如理论宣讲、案例警示、正面引导等。基本数据则包括时长、主讲人、备课时间、教育日期等。教材、教案、课件、访谈提纲和调查问卷则根据各自要求对教育内容的质量数据进行评价。对教育内容的主观评价同教育主体评价的方式方法。

教育方法评价。教育方法本身没有优劣好坏之分，要在具体的教育实践中，区分不同教育环境、主体、客体、内容、载体等要素，评价是否选择了更加契合的教育方法，以及该方法运用是否合乎规律，是否精确有效。如表6-4所示，对方法属性数据的评价主要区分方法选择、方法运用和主观评价三大部分。其中方法选择需要在较为科学完善的理论研究、经验积累和数据刻画基础上，得到某一方法所适配的教育要素，进而为某一具体教育实践的方法选择标定规则标签。方法运用则是在充分理解该方法的定义、特征、运用规律等基础上，对标判断实际运用过程中，是否准确运用，是否符合变化规律，是否发预期挥效果，需要采取先专家（智能）评价后排名赋级评价的方法。主观评价则同教育主体评价的方式方法。

表 6-3 高校网络思想政治教育内容属性评价指标

介体类型	一级指标（内容阐释）	二级指标	标签实例	标签类型	评价方法	评价结果
内容	网络思想政治教育专题课程内容（对教育内容及主题进行质性评价）	教育主题	党的创新理论、马克思主义基本理论、形势政策、思想道德修养、先进典型宣传……	算法	专家（智能）评价法+排名赋级法	
		教育途径	MOOC 类、远程同步教育类、精品教育视频类、网上实践活动类……	统计	关联关系评价法	
		基本数据	时长、发布时间、开发单位……	统计		
		质量数据	理论阐释科学准确，课程逻辑明晰易懂，表达方式贴合受众，课程重难点完全、宣扬正能量，课堂测验突出重点，课程考试难度适宜，内容开放互动性强……	算法	专家（智能）评价法+排名赋级法	
	高校融媒体宣传教育内容（对媒体传播内容的主题及内容进行质性评价）	教育主题	理论阐发类、发布权威信息类、回应社会及师生关切类、宣传先进典型类、建言献策类……	算法		
		教育平台	易班、自营 APP、微信公众号、门户网站……	统计		
		内容格式	图、文、视频、音频、3D、HTML……	统计		
		基本数据	时长、发布时间、发布单位……	统计	关联关系评价法	
		质量数据	宣传报道客观准确，信息依据权威公正，传播内容与形式和渠道特征相吻合，符合传播规律……	算法	专家（智能）评价法+排名赋级法	

第六章 数据驱动的高校网络思想政治教育评价优化

续表

介体类型	一级指标（内容阐释）	二级指标	标签实例	标签类型	评价方法	评价结果
内容	线下网络专题教育资源（指任线下组织的围绕科学管网用网、有效利用网络、应对潜在威胁等需要的教育资源）	教育主题	指导性教育（网络道德教育、网络法规教育、网络礼仪教育……）、矫正性教育（媒体素养教育、网瘾教育……）	算法	专家（智能）评价法+排名赋级法	
		教育形式	理论宣讲、案例警示、正面引导……	统计		
		基本数据	时长、主讲人、备课时间、教育日期……	统计	关联关系评价法	
		教材	官方教材、商业教材、统编教材、利用率……	统计		
			适配度、契合度……	算法		
		教案	要素齐全、事例充分、情感充沛、理论逻辑强……	算法		
		课件	简洁大方、视觉吸引力强、主题突出、展示准确……	算法	专家（智能）评价法+排名赋级法	
		访谈提纲	信息全面、逻辑合理、结构完善、重点突出……	算法		
		调查问卷		统计		
	主观评价（其他主、客、环评价）		优、良、中、差	统计	排名赋级法	

189

表6-4 高校网络思想政治教育方法/载体属性评价指标

介体类型	一级指标（内容阐释）	二级指标	标签实例	标签类型	评价方法	评价结果
方法	方法选择（区分不同要素契合度）		主体适配度、客体适配度、内容适配度、载体适配度、环境适配度……	规则	关联关系评价法+实践经验法	
	方法运用（方法运用科学性）		运用准确得当，符合变化规律，发挥预期效果……	算法	专家（智能）评价法+排名赋级法	
	主观评价（其他主、客、环评价）		优、良、中、差……	统计	排名赋级法	
载体	管理载体（评价相关政策法规、制度机制等设置情况）	依规设置	科学合理、潜在风险、自有矛盾……	算法	专家（智能）评价法+排名赋级法	
		覆盖范围	覆盖全面、到底到边、尚有缺漏……	算法		
		运行机制	严谨闭环、反馈不利、尚有缺漏……	算法		
	活动载体（对活动载体的规模、流程和保障进行评价）	活动规模	活动场次、报名人次、活动时长、参加人次、经费消耗……	统计	关联关系评价法	
		活动内容	理论授课、入团入党宣誓仪式、先进英模事迹分享……	统计		
		活动流程	合理完备、运行流畅、环节冗余、尚有缺漏……	算法	专家（智能）评价法+排名赋级法	
		活动保障	信号稳定、画质清晰、声音嘈杂……	规则	关联关系评价法+实践经验法	

第六章 数据驱动的高校网络思想政治教育评价优化

续表

介体类型	一级指标（内容阐释）	二级指标	标签实例	标签类型	评价方法	评价结果
载体	文化载体（对文化载体的情况进行评价）	载体形式	电子橱窗、广播、歌曲、电影、出版物……	统计	关联关系评价法	
		基本数据	数量、时长、分布范围、场次……	统计	关联关系评价法	
		运用情况	设置合理、布局科学、运用得当……	算法	专家（智能）评价法+排名赋级法	
	传媒载体（对高校开通的传播媒体情况进行评价）	网络平台	易班、网站、微信公众号、视频号、抖音、自建APP……	统计	关联关系评价法	
		账号数量	易班（1个）、微信公众号（3个）、抖音（1个）……	统计	关联关系评价法	
		互动功能	转发、留言、评论、下载、投稿、举报……	统计		
	主观评价（其他主、客、环体评价）		优、良、中、差	统计	排名赋级法	

191

教育载体评价。如表6-4所示，区分管理载体、活动载体、文化载体和传播载体。其中管理载体重点在于政策法规和制度机制的设置情况是否科学合理，能否覆盖教育管理全过程全要素，能否为教育实践活动提供可靠的闭环机制。活动载体重点在于对活动显性情况的统计及评价，如活动规模、活动内容、活动流程和活动保障等，对于网络思想政治教育活动保障，需要突出网络信息技术的建设条件，网络信息传输效率低或者音视频信号嘈杂不清等情况将严重影响教育效果。文化载体需要对互联网、局域网不同平台中设置的文化产品的数量、种类、类型等进行统计评价，并对是否显眼易得，播放效果是否流畅等进行规则评价。传播载体需要对传播媒体所覆盖的网络平台，以及各自布局的账号数量、所开设的信息互动功能等情况进行评价，与对应的主体评价形成补充和配合。

在此基础上，对教育内容、方法和载体而言，主体、客体和环体进行的主观质性评价同样十分重要，特别是专家学者的理论和经验分析、管理主体的总结判断和效果把握、技术主体对技术创新和技术应用的专业评判，以及教育客体的直观感受和主观评价，除此之外，还有教育环体中参与教育的个体与组织，如家人、亲属，及所在单位的党政负责人等在内的主观评价，对教育介体的评价而言，这些都是必须也十分有必要重点参考和分析的评价依据。

数据驱动的高校网络思想政治教育介体效果评价，是评价体系中的关键部分，需要运用"转化漏斗"模型，对教育实践活动的影响深度和传播效果等进行逐级评价。根据高校网络思想政治教育基本概念，可以将教育实践活动区分为融媒体宣传教育活动、网络思想政治教育课程、远程网络思想政治教育、线下网络专题教育，以及评论互动、解疑释惑和咨询服务等。其中线下网络专题教育评价与远程网络思想政治教育相似，评论互动、解疑释惑和咨询服务等在具体实践中占比较少且具有较简单明确的评价指标,不再进行专门分析探讨。不同的教育模式,对教育效果的评价指标也不尽相同,但基本遵循相同分析框架:先看活动基本数据,即活动规模、参与深度、传播裂变,这一部分与介体属性数据评价具有一定交叉,再看活动影响力,最后看教育客体的现实受教育效果。这里主要区分融媒体宣传教育活动效果、网络思想政治教育课程传播效果、网络思想政治教育课程及网络远程思想政治教育课程学习效果三部分展开。

融媒体宣传教育活动的效果评价。借鉴目前互联网公司对产品营销、活动推广等常用的数据评价指标体系,如表6-5所示,通过对活动参与人数、渗透率和流量情况确定教育活动的影响规模,其中,为了排除不同教育信息页面数量的影响,增加首页浏览量指标,统计浏览宣传教育信息首页的次数;渗透率区分水平类和垂直类宣传活动,水平类重点针对全体师生,包括新老用户群体,而垂直类则重点针对老用户群体开展的教育活动;流量情况在统计该账号或平台整体流量情况下,重点关注分时段流量,特别是流量出现的峰值、上升期和衰退期等,并进一步丰富用户画像。通过参与用户活动页面浏览情况、活动停留时间、任务完成率等数据体现活动参与的深度,其中页面完成率对教育宣传活动的多个页面进行累计统计,分析客体在浏览过程中对不同页面的反应情况;页面按钮点击和任务完成人数主要反映客体参与活动和完成活动的兴趣度,复看率和停留时间合并分析能够在排除无意义(时长过长或过短)浏览数据基础上反映客体对活动的认可度。根据用户的分享传播情况反映特定用户的接受与喜爱程度,整体构成了对教育实践活动基本数据的评价。在此基础上,进一步分析新老用户在参与活动中的行为数据,通过吸引新用户、召回老用户,以及对日均活跃用户数量的增长系数,反映教育活动对吸引客体的增长贡献和爆发系数,进一步分析与留存用户数量间比例关系，评价活动增长质量，进一步丰富用户画像，刻画不同师生活动偏好。

表6-5 高校融媒体宣传教育活动效果评价指标

教育类型	指标			指标内容阐释	评价结果
融媒体宣传教育活动	活动规模	活动参与人数	宣传教育活动访问量	宣传教育信息的师生访问量	
			宣传教育活动浏览量	宣传教育信息首页浏览次数（排除信息页面多少的影响）	
		渗透率	垂直类宣传活动	垂直类宣传活动对师生的渗透率	
			水平类宣传活动	水平类宣传活动对师生的渗透率	
		流量情况	账号/平台流量	媒体账号或平台的流量	
			分时段流量	峰值、上升期、衰退期等数据	对流量出现的峰值、上升期和衰退期等进行的时间区间分析
			用户画像	反映辐射师生构成特点	对产生流量的师生进行画像刻画
	深度	页面完成率		针对多页面活动，首页到最后一页的转化漏斗	
		页面按钮点击		宣传页面中用于互动的按钮被点击的情况	
		任务完成人数		通过完成教育活动可点亮图标等采集人数	
		复看率		多次观看的人次占全部观看人次的比例	
		停留时长		人均停留时长，体现活动对用户的吸引力	

续表

教育类型	指标			指标内容阐释	评价结果
网络宣传教育活动	传播	分享人数		截图、保存图片、分享链接等分享行为	
		分享率		体现活动受认可程度，传播流行能力	
	大盘／垂直类活动	增长贡献	用户引流	吸引师生第一次浏览相关信息、参与互动、完成学习任务、发表评论等情况	
			用户召回	吸引长时间不登录平台、账号等用户回归的情况	
			日均活跃用户数量	反映教育网站、平台、应用、账号、游戏等运营情况，通常统计一日内登录或使用某个产品的用户数（去除重复登录用户）	
			爆发系数	日活环比等	
			增长质量	活动引入新老用户的留存水平，反映活动引入用户质量	
			用户画像	活动参与用户的属性与大盘用户的差异分析，分析活动受众特点，有针对性的设计活动	

网络思想政治教育课程传播情况的效果评价。如表6-6所示，通过活动规模、参与深度和传播分享数据等评价网络思想政治教育课程的传播情况。活动规模主要区分访客量、课程浏览量、渗透率和流量情况等指标，其中访客量分别计量浏览课程的人数及人次，课程浏览量特指浏览课程首页的人次，以便排除页面数量的影响；渗透率主要指浏览课

程首页的师生选择进一步学习的情况,区分"课程介绍"视频的浏览量以及选课数量;流量情况主要指平台和网络课程在某时段内的总流量和分流量情况,并对流量的峰值、上升期、衰退期等进行统计分析,根据分时段流量构建用户画像。参与深度主要评价参与课程学习情况,对课程完成、复看以及考试情况等予以指标细分。传播分享则主要评价观看网络课程教育客体进行课程分享的相关数据,包括分享人次和分享率。

表 6-6 网络思想政治教育课程传播效果评价指标

教育类型	指标		指标内容阐释	评价结果
网络思想政治教育课程传播情况	活动规模	渗透率	访客量	浏览课程的人数和人次	
			课程浏览量	浏览课程首页的人次	
			课程介绍浏览量	观看课程试讲视频人次	
			选课数	继续选择学习课程的人次	
		流量情况	平台流量	分时段平台总流量	
			分时段流量	课程流量的峰值、上升期、衰退期等分析数据	
			用户画像	反映辐射用户构成特点	
	参与深度		视频完成率	针对多页面活动,首页到最后一页的转化漏斗	
			视频复看率	视频多次回看的比例	
			视频停留时长	用户停留时长(是否刷课)	
			课程完成情况	课程系列视频的完成情况	
			课程完成人数	完成全部课程学习人数	
			课后习题完成率	课后习题完成比例	
			课程考试完成情况	课程考试完成比例	
			高频错题情况	分析教育重难点情况	
	传播分享		分享人次	截图、下载、分享链接等	
			分享率	活动传播流行能力	

<<< 第六章 数据驱动的高校网络思想政治教育评价优化

网络思想政治教育课程（网络远程思想政治教育）学习情况的效果。如表6-7所示，学习参与度采用调查问卷、数据埋点、传感器等采集的数据，重点评价客体的学习动机、行为投入、认知投入、情感投入和专注度。采用问卷调查对个人和他人学习参与度进行质性评价，将结果汇总分析后排名赋级评价；采集系统在线数据，如学习次序和回看、暂停、快进等视频控制操作，以及鼠标活动轨迹、速度和点击等鼠标操作数据，以此判断客体的学习兴趣和专注度；利用网络摄像头等设备采集面部表情、行为等数据，通过脑电波传感器、眼动仪、电子手环、皮肤电传感器等生理/神经传感器，采集脑电信号（EEG）、眼动、血压、皮肤电、心跳等生理数据，结合课程进度综合评价情感状态（如喜悦、感动、无聊、厌恶等）和认知状态（如平静、困惑等）；学习互动度评价包括网络互动、现实互动和想法流，对网络文字、语音等互动数据（例如，留言、评论、弹幕等），利用自然语言处理技术分析理解语义后进行分类，区分主观评价、疑问困惑、意见建议等类型并入评价体系；对直播教育等远程教育课程的现实互动，利用计算机视觉技术以及生理/神经传感器等完成数据记录，分类后并入评价体系，例如，网络课程引导客体进行深呼吸、冥想等调节心理压力，自动评估客体随课模仿学习的情况；采集并分析互动信息的"想法流"并进行社会物理学计算，分析各类信息在师生、生生间的互动效率，刻画点对点的信息强度示意图等。学习成果检验评价主要采集测验结果数据和答题行为数据，其中测验结果数据包括回答正确率、错误率等统计数据，用以评价用户的学习情况；答题行为数据包括客体在回答题目过程中的反应时间、答题时间、答题顺序、修改行为等，用以客观反映客体对不同知识点的掌握情况。

表6-7 网络思想政治教育课程（网络远程思想政治教育）效果评价指标

教育类型	指标		指标内容阐释	设备/技术	评价结果
网络思想政治教育课程（网络远程思想政治教育）学习情况	学习参与度	调查问卷	学习者自评、互评学习参与情况	SPSS、深度学习算法	
		系统在线数据	学习者学习次序、视频控制和鼠标操作数据	SPSS、深度学习算法	
		表情/行为数据	通过计算机视觉技术捕捉学习过程中的面部表情和身体姿态变化	计算机视觉技术、深度学习算法	
		生理/神经数据	通过生理/神经传感器记录脑电信号（EEG）、眼动、血压、皮肤电、心跳等生理信息数据	脑电波传感器、眼动仪、电子手环、皮肤电传感器	
	学习互动度	网络互动	学习者在网络空间的互动信息，如语言、文字数据等	自然语言处理、SPSS等数据分析处理	
		现实互动	学习者与网络空间的教育主题进行的互动数据如语音数据、面部表情和身体姿态识别数据	计算机视觉技术、网络摄像头、自然语言处理技术	
		想法流	对信息互动数据进行社会物理学计算，分析师生学习互动效率	社会物理学计算	
	学习成果检验	回答结果数据	每道题目的回答正确率、错误结果统计数据等	SPSS等数据分析处理	
		答题行为数据	学习者进行测试的行为数据（反应时间、答题顺序、修改记录等）	SPSS等数据分析处理	

（三）客体评价指标设计突出增值数据

对网络思想政治教育的考评检查应当抓住以实际成效检验教育这个导向，最终落实到师生的思想状态和行为实践。因此对教育客体的属性评价，在重点关注师生的网络言行基础上，还要考量现实生活表现，并区分不同时段对客体属性数据进行纵向对比,突出教育客体在接受教育引导前后表现出的状态差异,形成增值数据评价。如表6-8所示,区分8个一级指标对客体进行数据刻画与评价。通过师生网上购物和支付记录,了解掌握客体购物习惯和购物观念。根据使用网络的区间和习惯,判断是否存在工作和学习时间用网娱乐,休息时间沉迷网络等情况。根据教育客体玩游戏的种类、时间、充值消费等评价是否沉迷游戏,在关于游戏类型(RPG、RTS等)、角色选择等心理映射相关研究成熟后,可视情采集更加精细化的游戏数据,用于评价客体心理状态。根据客体浏览短视频、微信公众号、微博、网站、论坛等类型、时间数据,评价是否沉迷、是否长时间浏览不健康或亚健康信息。单独评价客体浏览网络教育类信息情况,区分账号喜好、浏览时长、网络信息浏览情况、网络社交情况和网络云课程学习情况。对各类网络平台账号进行分类统计,如以党政官媒为主体的网络思想政治教育类、以游戏娱乐等为特征的非网络思想政治教育类、以低俗信息和反动言论为主体的不健康类,整体掌握客体的兴趣偏好。根据浏览时长评价客体对网络信息的依赖程度。网络信息浏览情况则重点统计分析文学文化类、知识科普类、政策资讯类以及纪录片、公开课等正能量信息,通过浏览数、完成率以及互动程度评价客体对特定教育信息的兴趣度,并区分上级要求和自发选择两部分统计分析师生数据,针对性评价自我教育行为。针对宣传色情、暴力、犯罪等不健康信息,带有明显价值观偏见的反动观点等灰色舆论内容,以及充斥自杀、自残或虐待动物、伤害他人等倾向性信息等进行数据统计分析,评价师生的价值观和心理健康状态。通过对师生网络交友平台,以及聊天和评论、留言、弹幕等数据进行关键词筛查,评价是否表现出反常、诈骗和被诈骗等情况。从师生报名、参与和完成的网络云课程数据,以及考核成绩等数据评价学习情况。

表 6-8 高校网络思想政治教育客体评价指标

数据类型	一级指标(内容阐释)	二级指标	标签实例	标签类型	评价方法	评价结果
网络空间行为数据	网络消费(通过教育客体网上购物和支付记录,对生活习惯进行刻画与评价)	购物习惯	生活用品(例如,购买生活相关物品数量占比40%以上,总价格占比40%以上) 学习用品(例如,购买学习相关物品数量占比40%以上,总价格占比40%以上) 体育用品(例如,购买体育相关物品数量占比10%以上,总价格占比10%以上) 奢侈品(例如,购买奢侈品数量占比5%以上,总价格占比5%以上)	规则	关联关系评价法+实践经验法	
		购物观念	健康的购物观(例如,总消费金额占生活费总额20%以下,单件商品金额占生活费总额10%以下) 适度的购物观(例如,总消费金额占生活费总额20%以上,单件商品金额占生活费总额10%以上30%以下) 不健康购物观(例如,总消费金额占生活费总额50%以上,单件商品金额占生活费总额30%以上)	规则		
	用网时间(根据用网区间时间判断是否健康)	用网区间	合规用网(例如,7时0分—23时0分)	规则	关联关系评价法+实践经验法	
		用网习惯	健康(例如,用网区间视平均日用网时间不多于3小时)	规则		

200

续表

数据类型	一级指标（内容阐释）	二级指标	标签实例	标签类型	评价方法	评价结果
网络空间行为数据	游戏情况（根据游戏种类、时间、区间及充值情况，判断是否健康合理）	游戏名称	王者荣耀、和平精英、欢乐斗地主……	统计	关联关系评价法	
		游戏喜好	正常（例如，王者荣耀等非暴力赌博色情类游戏）异常（例如，暴力赌博色情窃取隐私等异常游戏）	规则		
		游戏时间	正常（例如，连续游戏少于2小时且日累计游戏小于5小时）异常（例如，连续游戏超2小时或日累计游戏超过5小时）	规则		
		充值消费	正常（例如，日累计或单笔消费不超过100元，总计消费不超过1000元）异常（例如，日累计或单笔消费超过100元，总计消费超过1000元）	规则		
	网络信息浏览情况（短视频、微信公众号、微博、网站、论坛等信息浏览的时间、类型等）	账号喜好	网络思想政治教育类（例如，各党政官媒、自媒体等关注比例超过50%且浏览时长超过50%）非网络思想政治教育类（例如，游戏、美食、时尚等账号关注比例超过50%目浏览时长超过50%）不健康类（例如，关注心理诱导、色情暴力、意识形态渗透等账号或日浏览时长超过30分钟）	规则	关联关系评价法+实践经验法	
		浏览时长	优（例如，连续浏览少于2小时，日累计小于5小时）良（例如，连续浏览超2小时或日累计浏览超5小时）	规则		

续表

数据类型	一级指标（内容阐释）	二级指标	标签实例	标签类型	评价方法	评价结果
网络空间行为数据	网络信息浏览情况	兴趣偏好	优（例如，正能量信息浏览率超过80%，完成率超过90%且互动率超过50%）	规则	关联关系评价法+实践经验法	
		自我教育	优（例如，自发关注思想政治教育类账号超过5个，日浏览时长超过30分钟）	规则	关联关系评价法+实践经验法	
	网络社交情况	交友平台	微信、微博、抖音、QQ……	统计		
		社交信息	安全、不健康交友、诈骗……	规则		
	网络云课程学习情况	学习任务	优（例如，计划课程完成率100%，成绩良好以上）	规则	关联关系评价法+实践经验法	
		自我教育	优（例如，规定外自发学习课程数超过5门，课程完成率100%且考试良好以上）	规则		
现实空间行为数据	客体现实工作评价	思政理论课评价	优（课程成绩A级以上，课程评价A级以上）	算法	专家（智能）评价法+排名赋级法	
		评奖评优	优（国家级、省级、校级优秀个人/团体）	算法		
		党员发展	优、良、中、差	算法		
主观评价	主观评价（其他主、客、环评价）		优、良、中、差	统计	排名赋级法	

202

对教育客体在现实空间行为数据的分析与评价主要依托思想政治理论课教学评价、评奖评优、党员发展等工作同步开展，建立网络思想政治教育评价与思想政治教育评价的综合联系，更好指导网络思想政治教育的发展与改进。主观质性评价则与前述主体、介体等评价类同。

（四）环体评价指标设计突出差异数据

高校网络思想政治教育环体评价指标设计，如表 6-9 所示，在数据刻画基础上对教育客体所处的教育宏观、中观和微观环境进行评价。环体的差异数据表现教育活动对教育环境的直接影响，以及对客体行为的影响反馈至教育环境中的外在表现，通过对一定时间的前后对比，客观评价环体差异。

对宏观环体中的政治、经济、文化、社会环境的数据刻画中，见表 2-9、表 2-10，已经进行了评价性质的标签标注，因此，宏观环体评价主要针对高校师生在网络上能够获得的外部思想政治教育资源展开评价，主要对教育资源的数量、渠道质量、主题覆盖等指标进行评价。网络思想政治教育资源数量按照评价主体确定的数量标准赋予规则类标签，反映师生在网络空间可获得的各类学习资源的总数量。渠道质量按照数据刻画阶段确定的教育资源获得难度（见表 2-10）进行划分，80%以上通过算法精准推荐获得或具有相对集中的导航页面的资源渠道评价为"简便易得"，需要注册后获取的资源数量占比 50%以上时评价为"复杂难得"，50%以上需要付费才能获取时评价为"高费低得"。主题覆盖根据教育内容数据刻画和标签标注（见表 2-3）情况，根据 6 类内容类别（思想教育、政治教育、道德教育、法治教育、心理教育和综合素质教育）覆盖情况，进行规则评价。

中观环体区分高校网络媒体矩阵、网络文化产品。高校网络媒体矩阵主要区分数量、平台分布和信息活跃程度等评价指标，根据数据刻画的标注标签（见表 2-10）进行规则评价，其中信息活跃程度指高校网络媒体矩阵的总活跃度，将各媒体平台账号的信息发布总数、日均数量作为评价指标。网络文化产品区分数量、渠道质量、主题覆盖、形式覆盖和流行程度进行评价，产品教育价值在数据刻画阶段（见表2-10）已经完成。其中流行程度主要根据该文化产品在触达的所有师生中，被浏览、转发、评论等信息互动的占比，以及被复看情况等进行评价。

微观环体对客体在网络中的个人的亲属圈、网络社交圈、现实教育环境和网络教育情境进行评价，亲属圈主要对表2-10中客体亲属圈层的数据标签进行规则评价，形成正向、中立和负向三级指标。网络社交圈则重点评价师生参与互动的网络社交圈层，区分社群管理、活跃度、凝聚力和价值导向等四个指标，根据标签标注设定评价规则。其中社群管理主要根据社群意见领袖、管理员、群规等情况，判断该圈层是专人管理、长期存续的严密圈层组织，或是网友自发聚集形成的松散圈层组织。活跃度根据圈层内信息的发布和互动，以及师生参与信息互动等情况进行评价。凝聚力则主要关注圈层内所有网友互动数据，判断长期活跃用户和"僵尸粉"等情况。价值导向则根据标注的价值导向标签（见表2-10）进行规则评价，主要针对师生个体所关注的所有社群的价值导向，区分正向、中立和负向三层指标进行评价。现实教育环境的教育强度主要评价师生在高校学习、工作和生活中接受现实思想政治教育的频率，主题覆盖情况，包含7类以上且教育次数较为均衡则评定为主题丰富。教育组织主要对现实教育课程的组织情况进行评价，主要利用授课时长和参会人数等数据，如授课时长60分钟以上且参会人数100人以上为大课教育。网络教育情境根据表2-10划分的美观效果、情境风格和互动控制等情况，进行规则评价，其中美观效果评价对教育实践活动的情境构设情况予以规则评价，风格契合度主要对教育方法和教育情境风格的契合强度予以评价，如采取理论深研法且构设了严肃严谨的教育情境则契合度为优，当进行典型模范宣传时未构设模拟现实的教育情境，反而构设了虚构虚幻的教育情境，背离了教育方法需求，则契合度为差。互动控制根据标注标签分层予以评价。

表6-9 高校网络思想政治教育环体评价指标

环体类型	一级指标（内容阐释）	二级指标	标签实例	标签类型	评价方法	评价结果
宏观环体	网络思想政治教育理论资源（对师生在网络上能够获得的外部学习资源进行评价）	数量	多（数量多于100）、中（数量多于30少于100）、少（数量少于30）、无（数量为0）	规则	关联关系评价法+实践经验法	
		渠道质量	简便易得（精准推荐和集中导航占比80%以上）、复杂难得（注册获取占比50%以上，高费低得（付费观看占比50%以上、无权限）、无权限（无获取权限）	规则		
		主题覆盖	丰富（6类内容均覆盖且数量均衡）、匮乏（3~6类内容欠缺或数量较少）、欠缺（1~2类内容欠缺或数量较少）、无（没有教育内容）	规则		
中观环体	高校网络媒体矩阵	数量	多（数量多于5）、中（数量多于3少于5）、少（数量少于3）、无（数量为0）	规则		
		平台分布	广泛（覆盖5个平台以上）、较少（覆盖3到4个平台）、不足（覆盖1到2个平台）、无	规则		
		信息活跃程度	高活跃（原创信息日发布量3条以上或转发信息日发布量5条以上）、中活跃（原创信息日发布量2至3条）、低活跃（原创信息日均发布量1至2条或转发信息日均发布量1条或转发信息日均发布量1至2条）、无活跃	规则		

续表

环体类型	一级指标（内容阐释）	二级指标	标签实例	标签类型	评价方法	评价结果
中观环体	网络教育文化产品	数量	多（数量多于100）、中（数量多于30少于100）、少（数量少于30）、无（数量为0）	规则	关联关系评价法+实践经验法	
		渠道质量	简便易得（精准推荐和集中导航占比80%以上）、复杂难得（注册获取占比50%以上）、高费低得（付费观看占比50%以上、无获取权限）	规则		
		主题覆盖	丰富（6类内容均覆盖数量均衡）、欠缺（3~6类内容欠缺或数量较少）、匮乏（1~2个类别）、无（没有教育内容）	规则		
		形式覆盖	丰富（6类以上且数量均衡）、欠缺（3~5个类别）、匮乏（1~2个类别）、无（没有文化产品）	规则		
		流行程度	热门（播放总量超过20000或观看人数占师生总人数60%以上）、普及（观看总量少于10000或观看人数占师生总人数50%到60%）、冷门（播放总量少于10000或观看人数占师生总人数30%以下）、小众（观看人数占师生总人数30%以下且人均播放2次以上）	规则		

206

续表

环体类型	一级指标（内容阐释）	二级指标	标签实例	标签类型	评价方法	评价结果
微观环体	亲属圈（亲属对客体的直接影响）		正向（全部为正向及中立）、中立（全部为中立或负向影响数 2 个以下）、负向（负向影响数 3 个以上或负面裹挟数 1 个以上）	规则	关联关系评价法＋实践经验法	
		社群管理	严密（意见领袖 1 个以上，设有群规，人数 300 人以上）、普通（意见领袖 1 个以上，无群规，人数 100 人以上 300 人以下）、松散（无意见领袖，无群规）	规则	关联关系评价法＋实践经验法	
	网络社交圈（社交平台使用情况及互动情况）	活跃度	活跃（日推文数 3 条以上，日互动频次 600 人次以上，客户参与度 5 人次以上）	算法	专家（智能）评价法＋排名赋级法	
		凝聚力	高（社群活动参与 50%以上，或 50%以上成员参与每日信息互动）中（社群活动参与度 30%至 50%，30%至 50%成员参与每日信息互动）低（社群活动参与度 30%以下，或 30%以下成员参与每日信息互动）	规则	关联关系评价法＋实践经验法	
		价值导向	正向（正能量圈层 50%以上且无负能量和反动圈层）、中立（娱乐等圈层 50%以上且无负能量和反动圈层）、负向（存在负能量或反动圈层）	规则		

续表

环体类型	一级指标（内容阐释）	二级指标	标签实例	标签类型	评价方法	评价结果
微观环境	现实教育环境	教育强度	强（周均1课或当周3课以上）中（月均2课或当周2课）弱（月均1课以下）	规则		
		主题覆盖	丰富（7类内容均覆盖且数量均衡），欠缺（4~6类内容欠缺或数量较少），匮乏（1~3类内容欠缺或数量较少），无（没有教育内容）	规则		
		教育组织	大（授课时长60分钟以上且参会人数100人以上）中（授课时长30至60分钟且参会人数50至100人）小（授课时长30分钟以下且参会人数50人以下）	规则		
	网络教育情境	美观效果	优（画质清晰、音频纯净和信息集中其二）中（画质清晰、音频纯净和信息集中占其一）差（画质清晰、音频纯净和信息集中均不占）	规则	关联关系评价法+实践经验法	
		风格契合	优（例如，理论深研法+严肃严谨情境）差（例如，典型激励法+虚构虚幻情境）	规则		
		互动控制	优（操控简便）良（响应延迟）中（操控频繁）差（违反惯例）	规则		
主观评价（其他主、客、环体评价）		主观评价	优、良、中、差	统计	排名赋级法	

208

微观环体对教育客体在网络中的个人亲属圈、网络社交圈、现实教育环境以及网络教育情境进行评价。亲属圈主要对表2-10中客体亲属圈层的数据标签进行规则评价，形成正向、中立和负向三级指标。网络社交圈则重点评价师生参与互动的网络社交圈层，区分社群管理、活跃度、凝聚力和价值导向四个指标，根据标签标注设定评价规则。其中社群管理主要根据社群意见领袖、管理员、群规等情况，判断该圈层是专人管理、长期存续的严密圈层组织，或是网友自发聚集形成的松散圈层组织。活跃度根据圈层内信息的发布和互动，以及师生参与信息互动等情况进行评价。凝聚力则主要关注圈层内所有网友互动数据，判断长期活跃用户和"僵尸粉"等情况。价值导向则根据标注的价值导向标签进行规则评价，主要针对师生个体所关注的所有社群的价值导向，区分正向、中立和负向三层指标进行评价。

现实教育环境则针对客体在现实空间所接受到的理论阐释、政策宣讲、先进事迹等教育教学，以及网德网纪、网络素养、媒体素养等专题教育教学进行评价。教育强度主要评价师生在高校学习、工作和生活中接受现实思想政治教育的频率。主题覆盖情况增加网德网纪教育类别，教育内容覆盖7类以上且教育次数较为均衡则评定为主题丰富。教育组织主要对现实教育课程的组织情况进行评价，主要利用授课时长和参会人数等数据，如授课时长60分钟以上且参会人数100人以上为大课教育。此外，美观效果评价对教育实践活动的情境构设情况予以规则评价；风格契合度主要对教育方法和教育情境风格的契合强度予以评价，如采取理论深研法且构设了严肃严谨的教育情境则契合度为优，当进行典型模范宣传时未构设模拟现实的教育情境，反而构设了虚构虚幻的教育情境，背离了教育方法需求，则契合度为差；互动控制根据标注标签分层予以评价。主观评价则与前述主体、介体等评价类同。

四、本章小结

教育评价是评定教育效果、总结教育经验和指导教育实践的重要环节，数据驱动的评价指标体系优化必须坚持工具理性与价值理性相结合、量化评价与质性评价相结合、结果评价与过程评价相结合的原则。横向将高校网络思想政治教育划分为主体、介体、客体和环体四大要素，纵向利用CIPP评价模式划分为背景评价、输入评价、过程评价和结果评价，形成综合评价指标体系。其中背景评价针对教育环体的现实状态属性数据；输入评价针对教育活动的输入要素，即主体、介体和客体的属性数据；过程评价主要针对介体在教育活动中的效果数据，通常表现为教育活动的规模、状态和效果等客观数据；结果评价主要针对客体完成教育后的状态数据，以及主体、介体和客体的自评和互评数据。在具体评价指标构建时，各要素的属性数据采用数据标签的方式进行赋级评价，由量化指标和质性指标统合构成，以"优、良、中、差"为评价结果，并对量化指标进行规则和算法标签转化，提升可操作性，对质性指标采取专家（智能）评价法和排名赋级法，提升公平性。效果数据采用"转化漏斗"模型、计算机视觉技术和深度学习算法等方法，将网络媒体信息和网络课程的传播、转发、互动和作用等以数据形式进行表示和确认，网络课程的教学过程则更加聚焦客体的认知、情感等机理数据。在此基础上，评价体系还将客体在现实空间的行为表现，主体、客体及相关人员（如亲属、朋友、同事等）自评和互评数据作为评价重点之一，提高评价的科学性和完整性。

结论与展望

高校网络思想政治教育因网而生、由网而兴，随着互联网的崛起不断发展，在大数据技术蓬勃应用的时代背景下，研究数据驱动的教育优化实践路径，对进一步提高教育针对性和实效性具有重要价值。从"数据""数据驱动""高校网络思想政治教育"和"优化"等概念内涵入手，界定研究展开理论边界并提供学理支撑。立足"数据驱动"分析了大数据和小数据的分类、特征，进而结合技术发展现状及趋势，将"数据驱动"划分为"辅助、协作、主导、洞见"四级层次，形成较为深刻的技术应用观点。在综合对比国内外针对发挥数据技术优势优化思想政治教育（或教育）相关研究成果基础上，进一步探索数据驱动的教育优化所面临的难得机遇与严峻挑战，系统认识高校网络思想政治教育主体、客体、介体和环体"四要素"，区分教育理念、教育主体、教育方法和教育评价分析阐述数据驱动的教育优化建议举措。

教育理念优化方面，充分认清理念先驱先导的作用和价值，作为实现教育创新的前提条件，教育理念优化保证了新的时代背景下高校网络思想政治教育实践在守住根本的同时创新发展。从大数据技术与高校网络思想政治教育深度融合视角探索，将大数据的整体性思维、开放性思维和动态性思维融入教育活动，为实现教育主体共治、方法聚优和评价释能开辟了新视野。在具体教育实践活动中，教育理念优化力求从思想层次上统筹把握教育主体全局，促进多主体间形成系统协调的组织关系；开放接纳教育方法创新，突出"内容为王"和"用户思维"，实现教育内容和教育形式的科学精准；注重对教育过程的评价反馈，形成多维数据立体支撑的评价观念，推动教育评价公平公正，发挥对教育决策、实施和调整的关键作用。

教育主体优化方面，将提升主体开展高校网络思想政治教育的主动性、创造性和超越性作为重点，利用数据技术对人力极限和思维视野的全新拓展，充分发挥教育主体对教育创新优化的推动作用。针对教育主体队伍全局，分析梳理了主体队伍应具备的数据化能力素质，强化主体数据素养，提高发现数据规律、察觉数据失范、运用数据技巧、发挥数据价值的能力，指导教育主体借助数据智能开展网络教育、网络谈心和网络引导等活动，并自觉维护师生的数据隐私，遵守数据伦理和法律规定，塑造值得师生信任信赖的数据处理方形象。结合上述要求，针对现有教育主体队伍和育人体系开展覆盖全员的数据培训，同时通过引入专业人才，与现有人才融合构建具有深厚技术能力和业务潜能的人才队伍，在教育系统运行过程中，通过设置经济收入、权益保障、晋升进步等人力资源配套保障机制，增强不同岗位主体开展数据驱动的教育实践创新的内在行动力。

教育方法优化方面，深刻理解作为教育中介因素的教育方法是教育主体与教育客体间完成教育互动、达成教育目的的中介力量，对教育主体而言，是实现教育过程控制和达成最终效果的关键。从高校网络思想政治教育准备、实施和研究入手，分析数据技术嵌入其中发挥驱动作用的根本着眼，提出运用师生数据化用户画像提高教育准备针对性，借助数据驱动的智能算法提高教育实施精准性，依靠数据计算新范式提高教育研究科学性。在此基础上，着眼当下网络思想政治教育领域内较为流行的直播教育、媒体引导和沉浸式教育新方法，研究探讨优化的具体策略路径。

教育评价优化方面，深刻理解教育评价不只是排名奖罚，更关键在于科学准确地评定教育实践效果，系统总结教育规律和经验，为教育实践改革创新提供指导借鉴，对实现高校网络思想政治教育可持续健康发展起到闭环衔接和推动作用。在充分分析量化和质性评价相互协同关系基础上，初步总结数据驱动的教育评价三项基本原则，以此为基础区分主体、介体、客体和环体，并分别探索构建基于CIPP模式的评价指标体系，运用数据驱动的用户画像、计算机视觉、自然语言处理、智能算法模型等技术手段，促进教育评价更公正、更高效、更快速。利用转化漏斗模型，实现对教育活动效果的量化评价，深度细化各类评价指标分类、标签标注、评价方法和评价结果，期望对构建数据驱动的高校网络思想政治教育评价体系提供可用借鉴。

在大数据技术与高校网络思想政治教育深度融合的时代背景下，本书研究仍存在理论分析浅薄、科研创新不足、实践研究欠缺等问题，部分建议举措过于理想化和概念化，后续应就相关问题进一步深挖细研。一是数据驱动的教育优化实践场景有待明确。虽然分别探讨了数据驱动的高校网络思想政治教育不同模式的结合路径和实现方案，但具体到实践场景中的作用方式、作用机理仍然相对模糊，采集什么数据，如何分析数据，需要构建哪些软硬件条件等一系列问题仍是未来需要重点关注的对象。二是数据驱动的教育优化方案策略有待验证。教育效果最终体现在受教育者的切身感受，以及思想和行为的切实转变，因此不能仅停留在逻辑演绎及理论构设层面，需要加强实证检验校正。三是数据驱动的教育优化权限边界有待研究确定。过度数据"崇拜"容易导致数据决定论、侵犯个人隐私等潜在问题，致使教育主体"失位"、教育方法"失趣"、教育评价"失范"，因此亟待完善数据伦理研究，防止数据异化。

后　记

得益于多年来开展思想政治教育研究和工作的岗位历练，我们在阅读相关著作论文时，能够做到从实践视角去理解和把握学科理论，又依据理论审视现实可能，在反复琢磨之间较快形成系统认识，并在研究过程中始终秉持问题导向、目标导向和效果导向，致广大而尽精微地对相关问题进行剖析。

同时由于我们都有工科学术背景，业余时间偏爱自学计算机编程、大数据技术等相关知识技能，因此在选题上很快明确了依靠大数据技术优势推动思想政治教育创新发展这一方向，并最终确立了本书的研究起点及展开范式。

本书从明确题目、梳理资料、细化大纲乃至完成初稿和最终定稿，得到了国防科技大学军政基础教育学院军队政治工作系专家教授的有力指导和严格把关，根据专家意见，我们对本书提纲进行了反复讨论、修改，逐渐明确了研究思路和撰写方式。初稿完成后，又多次组织专题讨论，集思广益，反复修改，并结合当前大热的ChatGPT等生成式人工智能带来的教育创新机遇，做了进一步补充和完善。因此，本书某种程度上也是集体智慧的结晶，在梳理前期研究成果基础上，结合高校网络思想政治教育实际，对数据刻画、数据评价等方面进行更加细致的研究，对数据驱动的教育优化本质规律有了更加深刻的理解和体悟，形成相互协调配合的数据体系，充分发挥数据驱动教育发展的内在功能。

　　虽然在撰写本书过程中我们倾注了大量心血，在调查研究、分析论证过程中力求理论解析和实践创新紧密结合，提出了部分具备一定可操作性的对策建议，但囿于水平和能力，书中肯定还存在不尽如人意之处，敬请高校网络思想政治教育领域内的各位专家、学者不吝赐教！

参考文献

一、著作类

[1] 习近平. 论党的宣传思想工作[M]. 北京：中央文献出版社, 2020.

[2] 中共中央文献研究室编. 习近平关于社会主义文化建设论述摘编[M]. 北京：中央文献出版社, 2017.

[3] 中共中央办公厅, 国务院办公厅. 关于深化新时代学校思想政治理论课改革创新的若干意见[M]. 北京：人民出版社, 2019.

[4] 中共中央党史和文献研究院. 习近平关于网络强国论述摘编[M]. 北京：中央文献出版社, 2021.

[5] 中共中央党史和文献研究院. 习近平关于社会主义精神文明建设论述摘编[M]. 北京：中央文献出版社, 2022.

[6] 廖东升, 兰军. 政治工作网络关[M]. 湖南：湖南教育出版社, 2016.

[7] 蔡渭滨, 兰军, 蔡钰. 新时代军队网络政治工作思想政治教育[M]. 北京：民主与建设出版社, 2019.

[8] 刘新庚. 现代思想政治教育方法论[M]. 北京：人民出版社, 2006.

[9] 郑永廷. 思想政治教育方法论[M]. 北京：高等教育出版

社，2010.

[10] 陈万柏，张耀灿. 思想政治教育学原理（第三版）[M]. 北京：高等教育出版社，2015.

[11] 吴军. 智能时代：大数据与智能革命重新定义未来 [M]. 北京：中信出版社，2016.

[12] 车品觉. 数据的本质 [M]. 北京：北京联合出版公司，2017.

[13] 骆郁廷. 思想政治教育原理与方法 [M]. 北京：北京师范大学出版社，2019.

[14] 刁生富，李香玲，等. 大数据时代思想政治教育新探 [M]. 北京：知识产权出版社，2019.

[15] 吴满意，宁文英，王欣玥，等. 网络思想政治教育生态系统研究 [M]. 北京：人民出版社，2019.

[16] 吴满意，景星维，唐登芸. 网络思想政治教育理论前沿问题研究 [M]. 成都：四川大学出版社，2019.

[17] 周涛. 为数据而生：大数据创新实践 [M]. 北京：北京联合出版公司，2016.

[18] 李韧. 自适应学习 人工智能时代的教育革命 [M]. 北京：清华大学出版社，2019.

[19] 华为公司数据管理部. 华为数据之道 [M]. 北京：机械工业出版社，2020.

[20] 付登坡，等. 数据中台：让数据用起来 [M]. 北京：机械工业出版社，2020.

[21] [英] 迈尔·舍恩伯格，[英] 库克耶. 大数据时代 [M]. 盛杨燕，周涛，译. 杭州：浙江人民出版社，2013.

[22] [美] 杰瑞·卡普兰. 人工智能时代 [M]. 李盼, 译. 杭州: 浙江人民出版社, 2016.

[23] [美] 道格拉斯·W. 哈伯德. 数据化决策 [M]. 邓洪涛, 译. 广州: 广东人民出版社, 2018.

[24] [美] 劳拉·塞巴斯蒂安-科尔曼. 穿越数据的迷宫: 数据管理执行指南 [M]. 汪广盛, 译. 北京: 机械工业出版社, 2020.

二、期刊类

[1] 吴穹, 黄彦龙, 韩立敏. 算法推荐视阈下网络思想政治教育创新发展 [J]. 中国军事科学, 2022 (03).

[2] 刘凤娟. 大数据的教育应用研究综述 [J]. 现代教育技术, 2014, 24 (08).

[3] 周海燕, 黄杨. 网络视阈下学校思想政治教育的主体间性 [J]. 广州大学学报（社会科学版）, 2014, 13 (10).

[4] 黄欣荣. 大数据对思想政治教育方法论的变革 [J]. 江西财经大学学报, 2015 (03).

[5] 黄欣荣. 大数据、数据化与科学划界 [J]. 自然辩证法通讯, 2018, 40 (05).

[6] 王佑镁, 宛平, 赵文竹, 柳晨晨. 科技向善: 国际"人工智能+教育"发展新路向——解读《教育中的人工智能: 可持续发展的机遇和挑战》[J]. 开放教育研究, 2019, 25 (05).

[7] 陶志欢. 思想意识数据化呈现的逻辑反思与边界校勘——对大数据与思想政治教育的关联性评估 [J]. 思想理论教育, 2019 (07).

[8] 陈坤, 李佳. 大数据时代背景下高校思想政治教育创新研究 [J]. 思想政治教育研究, 2021, 37 (01).

[9] 朱希. 大数据时代高校思想政治教育再探 [J]. 学校党建与思想教育, 2021 (06).

[10] 柳海燕. 大数据时代思想政治教育"微"透视 [J]. 中学政治教学参考, 2021 (20).

[11] 刘朝, 马超群. 大数据与小数据深度融合的价值与路径 [J]. 人民论坛, 2021 (Z1).

三、报纸类

[1] 习近平在全国高校思想政治工作会议上强调：把思想政治工作贯穿教育教学全过程 开创我国高等教育事业发展新局面 [N]. 人民日报, 2016-12-09 (1).

[2] 习近平主持召开学校思想政治理论课教师座谈会强调：用新时代中国特色社会主义思想铸魂育人贯彻党的教育方针落实立德树人根本任务 [N]. 人民日报, 2019-03-19 (1).

[3] 中共中央国务院印发《深化新时代教育评价改革总体方案》[N]. 人民日报, 2020-10-14 (1).

四、法规类

[1]《中华人民共和国数据安全法》[Z]. 2021.

[2]《中华人民共和国个人信息保护法》[Z]. 2021.

[3]《关于新时代加强和改进思想政治工作的意见》[Z]. 2021.

[4]《高等学校思想政治理论课建设标准（2021年本）》[Z]. 2021.